La vida
como préstamo

Ensenada de Ézaro Ediciones

Nortideas Comunicación, S.L.
San Clemente, 1-A
15705 Santiago de Compostela
España
www.ezaroediciones.com

DISEÑO DE COLECCIÓN
José María Cerezo

MAQUETACIÓN Y DISEÑO DE CUBIERTA
Luis Manuel Pimentel

1.ª edición: enero de 2026

ISBN 978-84-129422-3-1
Depósito legal C 21-2026

La vida como préstamo

J.M. Otero Lastres

ℰ3 Ézaro

*A Ana, por haberme cuidado con toda su generosidad
el tiempo en que lo necesité.*

ÍNDICE

Pág.

Prólogo 11

La vida como préstamo 17

La vida y los recuerdos 23

La sociedad de los espíritus obesos 29

La dura profesión de vivir 33

El ritmo de la vejez en la madurez 37

Los azotacalles y el Estado de derecho 41

El sentido común y el sentido propio 47

Nuevos piratas de las comunicaciones 51

Los daños colaterales del ascenso en política 57

No aborrezcas para siempre 61

El escarpado camino hacia la humildad 65

Aprender de observar a los demás 69

La vida y la edad longeva 73

Generaciones "envenenadas" 77

La presunción de inocencia en política 83

Un tsunami de homogeneidad 89

¿Hay que reformar la Constitución? 95

Catalanismo, Nacionalismo y Secesionismo 101

¿Envidiosos o también resentidos? 107

	Pág.
Vida, aleatoriedad y responsabilidad	111
¿Hacia un nuevo yo-sensiblero?	115
Originalidad de las obras	121
La bandera de España	127
Esperanzas políticas	131
La picaresca hipotecaria	135
La "Partitocracia"	139
Hombre, rebaño y poder político	143
¿Hay que revocar las patentes?	147
Constitución y realidad social	151

Hay autores que no se limitan a comentar lo que ocurre cada día, sino que saben detenerse, escuchan e interpretan la realidad antes de escribir sobre ella. José Manuel Otero Lastres es uno de ellos. Sus artículos no solo describen la actualidad, sino que ayudan a entenderla y se convierten en un espacio para la meditación y el razonamiento a través de un estilo particular.

Reunir en un solo volumen las publicaciones de Otero Lastres en ABC es, además de un ejercicio editorial, una invitación a recorrer varias décadas de reflexión lúcida, análisis sosegado y defensa firme de los valores que sostienen nuestra convivencia democrática.

Jurista de formación sólida y mirada amplia, José Manuel escribe desde la experiencia y el criterio, con el propósito de aportar nitidez en momentos de ruido. También aborda cuestiones que remiten a la condición humana en sentido extenso, como el significado de la vida y la muerte, al plantear ideas generales sobre la existencia, el paso del tiempo y la conciencia de la finitud.

Sus textos nacen de una convicción sencilla pero exigente: pensar con integridad es un deber del ciudadano y del analista. En cada artículo se percibe esa fidelidad a lo que considera justo y verdadero. Esa coherencia, poco frecuente en el debate público actual, convierte su escritura en un lugar de confianza. A veces, interpela; otras, reconforta, pero siempre invita a pensar, y lo hace desde la seguridad de que pensar es, antes que nada, un acto de honestidad interior.

No busca imponerse ni dar lecciones. Comparte dudas, certezas y preocupaciones que crean una cercanía especial con el lector. Su manera de opinar es pausada y respetuosa, sin estridencias, desde la empatía y el diálogo, incluso al abordar asuntos difíciles o polémicos.

Los artículos reunidos en este libro pueden leerse como un camino por la vida pública española de los últimos años. No se trata, sin embargo, de un viaje rápido ni superficial, sino de un trayecto atento, en el que el autor se detiene en lo verdaderamente importante: la libertad, la justicia, la solidez —y también la fragilidad— de nuestras instituciones, y los principios que hacen posible una armonía social. Cada pieza brota de la actualidad, pero aspira a algo más duradero: entender lo que ocurre y situarlo en un marco más amplio, donde el derecho, la política y la ética dialogan entre sí sin dejarse arrastrar por la urgencia del día a día. De hecho, el paso del tiempo revela que muchos de ellos siguen ofreciendo claves sobre cuestiones todavía presentes en nuestro debate público.

Leídos en conjunto, estos artículos ofrecen una visión de nuestro tiempo a la vez que nos invitan a discernir que la política no es un ámbito ajeno, técnico o lejano, sino un terreno donde se manifiestan los valores, temores y esperanzas que nos definen como seres humanos. En ellos aparecen los debates que nos preocuparon, las incertidumbres que compartimos y los retos que marcaron cada etapa. Pero, sobre todo, revelan a un autor que entiende la escritura como una responsabilidad cívica y como una forma de esperanza. Responsabilidad, porque las palabras ayudan a dar sentido al presente; esperanza, porque escribir con claridad implica confiar en la capacidad del lector para pensar y actuar como ciudadano.

La mirada de Otero Lastres parte de una idea fundamental: el derecho no es solo un conjunto de normas, sino también una expresión de valores. Por eso, en sus artículos, lo jurídico se vuelve cercano, lo político se examina con conciencia moral y la actualidad adquiere un significado más profundo.

Esta recopilación permite apreciar algo que la lectura diaria del periódico no siempre deja ver: que, con el paso del tiempo, estos comentarios han ido formando una auténtica autobiografía intelectual. Cada etapa de su trayectoria vital y profesional ha dejado una huella reconocible en estas páginas. Cuando reflexiona sobre la justicia, se percibe al profesor que ha dedicado años a explicar que el Estado de derecho no es una idea abstracta, sino una garantía concreta de la dignidad humana. Cuando escribe sobre la libertad, aparece la convicción temprana de que ciertos valores deben protegerse con especial cuidado. Y cuando analiza los problemas de la actualidad, habla el ciudadano que cree que la decencia, tanto en la política como en la vida cotidiana, sigue siendo posible.

El profesor gallego escribe como quien conversa: con respeto por el interlocutor y convencido de que la palabra debe servir para entendernos, no para dividirnos. Su narrativa refleja su manera de estar en el mundo. Este volumen quiere ser, ante todo, un puente de palabras entre el autor y los lectores de hoy y de mañana. Quienes ya conocen estos artículos podrán volver a ellos con una mirada renovada; quienes se acerquen por primera vez a la voz de

Otero Lastres descubrirán en ellos una auténtica lección de civismo y lucidez.

Ojalá que esta lectura ayude a recordar que el pensamiento sereno sigue siendo imprescindible y que la reflexión —cuando se ejerce con la libertad que siempre ha caracterizado a José Manuel— aporta claridad allí donde la urgencia suele generar confusión. Tal vez también nos recuerde que la sensibilidad y el compromiso son maneras discretas, pero profundas, de cuidar la vida en común y entender un poco más del mundo que compartimos.

Quienes aspiramos a construir una España mejor, cohesionar nuestra sociedad y fortalecer nuestras instituciones podemos encontrar en estas palabras ideas, inspiración y un punto de encuentro.

Alberto Núñez Feijóo

La vida
como préstamo

LA VIDA COMO PRÉSTAMO

Si hay algún acto involuntario del ser humano que le afecta absolutamente es el hecho de existir. Desde una perspectiva puramente racional, parece que todos nosotros deberíamos tener algo que decir ante un acontecimiento de tanta trascendencia. Y, sin embargo, las cosas son de tal modo que ni siquiera es posible preguntarnos si queremos venir al mundo. Somos concebidos por otros y, por ese acto de ellos, recibimos la vida. Pero no nos la dan para quedárnosla eternamente, sino para devolverla en el momento de la muerte.

Nacer supone, por eso, una especie de préstamo en el que cada uno de nosotros es el principal obligado, pero sin tener la más mínima intervención: se nos da la vida sin haberla pedido, y nos obligan a entregarla en otro momento inicialmente incierto, que también se escapa, aunque no enteramente, al ámbito de nuestra voluntad. Y digo que no del todo, porque si nada podemos hacer para llegar a existir, algo está, en cambio, en nuestras manos para dejar de hacerlo. Porque, en lo de morir, siempre cabe la posibilidad de anticipar, si queremos, la devolución de la vida que nos han prestado.

Otra llamativa singularidad de este tipo de préstamo es que quienes nos dan la existencia, nuestros progenitores, no son aquellos a los que tenemos que devolvérsela. Nacemos gracias a ellos, pero cuando morimos no es a ellos a los que restituimos la vida. Y es que, aunque se suele saber con bastante certeza quiénes nos hacen existir, se ignora, al menos racionalmente, a quién nos entregamos cuando expiramos el último aliento. La vida supone, por tanto, tener prestado algo que no pedimos, la existencia; que es nuestra desde que la recibimos; y que habremos de rembolsar, en su día, a alguien distinto de aquel que nos la dio.

Pero si nos ha sido prestada, ¿qué vida tenemos que devolver? ¿Bastará con reintegrar simplemente el capital prestado o es necesario devolverlo con intereses? Me planteo estas preguntas más allá de cualquier óptica religiosa, porque, aunque en esta se pueden encontrar respuestas, no son las que estoy buscando. Lo que me interesa aquí es la perspectiva puramente humana, y responderme solamente con ayuda de la razón sobre qué vida hemos de vivir para poder sentirnos satisfechos —al menos humanamente— al devolverla.

Vivir significa tener y mantener la vida. La existencia se sitúa, por tanto, entre dos puntos: el inicial, que es el instante en que se comienza a tener la vida, y el final, que es el momento hasta el que se mantiene y se entrega. Entre ambos hay una trayectoria más o menos duradera. Estas tres referencias temporales juegan un importante papel en las respuestas a las cuestiones que he dejado planteadas.

En el instante mismo en que se «tiene» la vida se produce, por así decirlo, la entrega del capital prestado. Se nos da la vida y tiene lugar un misterioso y determinante reparto de facultades intelectuales, de características físicas del cuerpo, y de entorno económico, que sitúa a cada ser humano en una posición indiscutiblemente desigual a la de todos los demás. Todos recibimos capital, pero no en la misma cuantía.

Por eso, si bien es cierto que todos comenzamos teniendo lo mismo: la existencia, también lo es que no todos comenzamos a existir con los mismos medios. Cada uno tiene que recorrer su trayectoria iniciando el camino de su vida con los medios desiguales de los que ha sido dotado en el azaroso momento de su concepción. En esto vuelve a haber una singularidad: en la determinación del capital que nos prestan tampoco hemos tenido nada que ver, ni nadie ha podido preguntarnos cuánto queríamos que se nos hubiese entregado.

Pero vivir supone también «mantener» la vida; es decir, conservarla, darle vigor y permanencia. Lo cual, situados en la perspectiva temporal, alude a un período de incierta duración. Es el tiempo que media entre la entrega y la devolución de lo prestado, elemento esencial del contrato de préstamo. Este lapso es el intervalo que tenemos para ir haciendo la vida que hemos de devolver, la cual se compone, por tanto, del yo inicialmente recibido y de todo lo que pueda ir completándolo antes del vencimiento del préstamo.

Pero si no tenemos la más mínima intervención en la fijación del capital prestado, ¿podemos sentirnos obligados a devolverlo con intereses? La respuesta depende del sentido que le demos a la vida. Habrá quien piense que es suficiente con vivir sin mayores exigencias, sobre todo si considera que ha sido injustamente tratado en el reparto inicial. Esta postura es humanamente comprensible porque racionalmente cuesta mucho admitir que se tengan que soportar algunas existencias que vienen marcadas muy negativamente desde su inicio, cuando había tantas posibilidades de recibir una vida bastante más compensada.

Hay, sin embargo, otra manera de enfocar las cosas. Y es partir de que cada uno de nosotros es una parte, aunque sea insignificante, de la Humanidad: engrosamos el elevadísimo número de las personas que han existido sobre la Tierra desde la aparición del hombre. Por eso, aunque seamos una arena más del inmenso desierto que es la Humanidad, tenemos que aprovecharnos de todo lo que hicieron nuestros antecesores y contribuir a apuntalar el escalón de progreso que le toca a nuestra generación. Dicho más directamente: el compromiso que tenemos con la Humanidad exige que desarrollemos y perfeccionemos nuestras facultades intelectuales y los valores culturales y éticos de nuestra época con el fin de construir nuestro mejor yo posible.

Pero nada de ello será posible si la sociedad democrática y plural en la que vivimos no pone a disposición de los ciudadanos un sistema educativo universal, libre y gratuito que permita alcanzar aquellas finalidades. La vida que tenemos que devolver será humanamente satisfactoria si nos sentimos obligados ante la Humanidad a aprovechar intensamente lo que «nos dan» en el momento de nacer y compensamos lo que «no nos dieron» con ayuda de un programa educativo que permita llenar nuestro yo de la mejor forma posible.

Racionalmente hablando, la vida como préstamo tiene sentido si se entiende que tenemos que devolverla a la Humanidad y que no cumplimos con esta entregando cualquier vida, sino la mejor que podamos construir con todos los medios que la propia sociedad pone a nuestro alcance.

ABC, 14 de enero de 2012

LA VIDA Y LOS RECUERDOS

Si consideramos la vida como una carrera en la que el nacimiento es la salida y la muerte la meta, es evidente que se evoluciona mucho más deprisa en los primeros tramos del trayecto que en los últimos. Hay una parte de nuestra existencia, que se inicia en los primeros años y llega más o menos hasta la treintena, en la que tenemos tanto por delante y es tan poco nuestro pasado que solo contemplamos el futuro.

Los hechos en esta etapa vital acaecen tan vertiginosamente que nos van quedando en el recuerdo fogonazos instantáneos que son desplazados inmediatamente por otros que vienen sucesivamente, como si fueran olas que arriban cadenciosa pero imparablemente a la orilla. Son tiempos de miradas voraces e insaciables, de llenarse de vivencias, de abrir los sentidos de par en par hasta que den todo de sí para que la circunstancia en la que vivimos impresione nuestra alma y se vayan depositando en nuestro yo las experiencias que van conformando nuestra vida.

Pero llega inexorablemente otro tiempo en el que empezamos a tener pasado y, aunque es verdad que vivimos el presente y esperamos con ansia el futuro, aquel cada vez nos pesa más. Nuestra mirada se serena, deja de ser prospectiva, de largo alcance y proyectada hacia el futuro, y se hace más introspectiva. No buscamos las respuestas tanto en lo que nos queda por aprender cuanto en lo que tenemos en la mochila de la vida, para afrontar así con lo que ya sabemos los nuevos retos que nos plantea el hecho de vivir.

Cuando se inicia el tramo final de la vida, que no se acabará un segundo antes de que corresponda, el camino recorrido hasta entonces se ha ido haciendo acompasadamente con nuestros seres queridos, con los lugares por los que hemos transitado y con las vivencias habidas con ambos. Los que llegan a este punto han vivido lo suficiente para saber que la mayoría de las cosas se consiguen antes no por correr más deprisa, sino por avanzar más sabiamente. Por eso, no se trata de acelerar el ritmo, sino de acomodarlo al movimiento conjunto del cuerpo longevo con el alma experimentada.

Tiene razón el novelista inglés Samuel Butler cuando dice: «Memoria y olvido son como la vida y la muerte. Vivir es recordar y recordar es vivir. Morir es olvidar y olvidar es morir». Por eso, una vida ha sido tanto más intensa cuanto más llena está la memoria de recuerdos. Los olvidos no forman parte de nosotros, y si somos en buena medida lo que recordamos, lo que ya ha abandonado nuestra memoria ha dejado de ser parte de nuestra vida y, en consecuencia, no puede volver a pasar por nuestro corazón, que eso es, en definitiva, como decía Ortega y Gasset, recordar.

En los recuerdos están muy presentes los lugares en los que hemos pasado muchos momentos de nuestra vida. Si traemos a la memoria las más lejanas remembranzas, comprobaremos que en la mayoría de los casos hay una estancia, unas paredes, un inmueble, un paisaje en el que sucedió el acontecimiento que rescatamos del pasado. Pero el enlace entre el recuerdo y el lugar no tiene para todos la misma intensidad. En esto, los seres humanos reaccionamos de muy distinta manera.

Hay quienes toman el entorno físico como un simple punto de referencia material que completa el marco de la evocación. Para estos es tan intenso en sí mismo el suceso rememorado que los ingredientes de lugar y espacio son tan solo datos accesorios e irrelevantes, perfectamente sustituibles por otros. A tales personas, las cosas no les traen recuerdos, sino que son solamente partes accidentales de los mismos.

Su relación con todo aquello que no sea el lado sentimental de la vivencia es de distanciamiento, por lo cual pueden regresar sin ningún problema a los lugares en los que se desarrolló el acontecimiento memorizado. Y que conste que esta manera de afrontar los recuerdos no revela, en modo alguno, frialdad. Más bien lo contrario: al centrarse en lo sustancial de lo vivido y dejar de lado lo puramente material, elevan la espiritualidad de sus sentimientos a la máxima intensidad.

Pero hay otras personas para las que las escenas impregnan tanto sus recuerdos que no pueden separar unas de otros. En estos sujetos, la evocación mezcla indisolublemente acontecimiento y lugar, de tal suerte que cada hecho se rememora enmarcado en su concreta localización. Se recuerda, por ejemplo, el primer beso a la persona amada, pero tanto la sensación espiritual producida como el día, hora y lugar en que sucedió. Por eso, las propias cosas son evocadoras de recuerdos y forman parte de ellos como el escenario en la obra teatral.

En este grupo de personas, la reacción ante las cosas portadoras de recuerdos no siempre es la misma. Las hay que, lejos de rehuir, buscan afanosamente el encuentro con los objetos que formaban parte de los sucesos que recuperan de la memoria. De tal suerte que la cosa misma, la estancia, el mueble, una foto, un cuadro, son los hilos para acceder al ovillo en el que descansan enredados los recuerdos. El sujeto que se entrega al sosegado placer de recordar ve en cada cosa un punto de anclaje que le permite bajar la cometa en la que flamea cada una de sus vivencias.

Los hay también que convierten los recuerdos, incluso los buenos, en añoranza. Rememoran porque hacer presente en la memoria lo acaecido es una parte del vivir. Pero rehúsan acercarse a los objetos evocadores de vivencias porque su simple visión desata la intensa melancolía de echar en falta. No es que no se entreguen a recordar, es que lo hacen cuando quieren y no cuando se ven forzados por un objeto-gancho que les obliga a ello y desata en su interior un incontrolable ataque de tristeza.

De todos los recuerdos que pueden acompañarnos hasta el final de la vida el más reconfortante, el que nos hace sentir más vivos, es sin duda el del amor, sobre todo cuando perdura más allá de circunstancias en las que se rompe la unión entre el cuerpo y el alma, como ocurre con ciertas enfermedades mentales y con la muerte. En el primer caso, aunque el enfermo ya no sea «mentalmente» lo que fue, no por eso se deja de quererlo. Y otro tanto sucede con el amor a nuestros muertos: los seguimos queriendo en el recuerdo.

Ni los unos ni los otros han dejado de ser «nuestros seres queridos» a pesar de que ya no les quede nada de lo que han sido. La indescifrable esencia del amor se demuestra, pues, en lo difícil que es aprehender la realidad querida: el estado mentalmente saludable del ser amado o el hecho de seguir vivo no son un elemento decisivo del amor, porque puede seguir habiéndolo —y mucho— aunque lo que se quiera en tal caso sea más bien lo ya pasado. Si Butler decía que vivir es recordar, y recordar vivir, me permito añadir que amar es la mejor manera de vivir y recordar.

ABC, 2 de abril de 2012

LA SOCIEDAD DE LOS ESPÍRITUS OBESOS

El hombre se pasa la vida intentando conseguir lo que necesita y lo que cree precisar. Sus apetencias son de todo tipo, pero las primeras que suele satisfacer son las materiales: procura lo indispensable para su sustento. Es verdad que el mantenimiento del cuerpo genera la energía que necesita el espíritu, pero la mente requiere, además, su propio alimento. Desde hace algún tiempo parece, sin embargo, que no estamos nutriendo convenientemente el cuerpo ni el alma.

En el primer mundo, se come, por lo general, mucho más, peor, y con mayor celeridad, de lo que convendría. La vida sedentaria que llevamos hace que cada vez precisemos menos calorías y, en lugar de haber reducido la ingesta, engullimos bastante más de lo que necesitamos. El desacierto es todavía mayor al elegir los alimentos: en vez de una dieta equilibrada, consumimos lo más insano. Y por si todo ello fuera poco, apenas dedicamos tiempo al acto mismo de comer.

No es, pues, una casualidad que se hable en nuestros días de «comida basura» y de «comida rápida», ni tampoco el crecimiento alarmante del número de obesos. Tal vez por eso, y como reacción pendular, hay quienes han entronizado la cultura del cuerpo: una especie de «racismo estético», según el cual se considera inferior a todo aquel que no entra en los tiránicos cánones de la moderna esbeltez. Lamentablemente, este desvarío fisonómico en el que estamos sumidos no es inocuo: está provocando graves enfermedades, como la anorexia y la bulimia, en las que unas dietas hipocalóricas exageradas y prolongadas acaban produciendo serios trastornos de la mente, de los que cuesta salir mucho más de lo que se piensa.

Pero no sólo erramos al alimentar el cuerpo, nos estamos equivocando también con el espíritu. Vargas Llosa sostiene que en nuestros días los intelectuales escriben para entretener, no para dar respuesta a las grandes preguntas que se viene haciendo el hombre desde sus orígenes. Lo cual ha desembocado, en su opinión, en una especie de banalización de la cultura en la que falta compromiso. Si el nutriente intelectual de las clases más ilustradas es la cultura banalizada, no hace falta ser muy perspicaz para intuir que el de las personas menos instruidas es, sencillamente, «basura mental».

El periodismo de escándalo, sobre todo el televisivo y el de las revistas del corazón —añade el premio Nobel— está haciendo un daño enorme, porque, al influir en la manera de ser y de pensar de capas muy extensas del público, se ha convertido en el principal instrumento de difusión de la que él denomina «la civilización del espectáculo».

Este sórdido mundo del «cotilleo», en el que los reporteros, convertidos en protagonistas, debaten teatralmente sobre aspectos intrascendentes de la vida irrelevante de personas conocidas (sin valoración alguna sobre la razón por la que lo son), se ha convertido en la pitanza preferida de una parte de la sociedad a la que le está produciendo una nefasta "obesidad espiritual". El espíritu del público se está envenenando poco a apoco de esta bazofia intelectual que ingiere en dosis perniciosas, haciendo que aumente imparablemente el número de los adictos al chismorreo. Cada vez es mayor el número de los que prefieres la actitud pasiva de sentarse a oír hablar de otros -y a poder ser mal- que hacer el esfuerzo de alimentar su espíritu con ideas y pensamientos ajenos.

A esta adiposidad espiritual contribuye la progresiva e imparable «dinerización» de la vida moderna. Es tal la concentración del poder en unas pocas manos que el servilismo imperante en nuestros días supera, aunque pueda parecer mentira, al que existía durante el feudalismo. Hoy el poder económico y político ofrece prebendas y protección a cambio de la ciega adhesión a los dictados del que manda. Y es tanto lo que puede dar el poder —y tan poco lo que queda fuera— que no son pocos los que prefieren recibir las dádivas del poderoso a defender en las afueras del sistema las propias ideas divergentes con el pensamiento único. Lo peor de todo es que este moderno servilismo está acabando poco a poco con un valor tan relevante de la persona como es la dignidad.

Lo que antecede es especialmente visible en el mundo de la creatividad. El creador actual ya no es un bohemio que persigue la inmortalidad y la gloria. Ha visto que las obras del espíritu dan para vivir —y bien— a los que pululan al alrededor del poder y traspasan sin remordimientos la frontera de la comercialidad. Este untamiento del intelecto ha llegado a todos los ámbitos de las bellas artes, desde la literatura al cine pasando por la pintura y la escultura. Lo que importa es estar a bien con el poder que es el que compra y subvenciona. Eso explica el abandono del compromiso —siempre incómodo para el poder— y su sustitución por el entretenimiento al que se refiere Vargas Llosa.

La creciente adiposidad que envuelve nuestros espíritus ha desatado también una irrefrenable tendencia al consumo de bienes materiales. Desde que nacemos, se nos incita a acumular. Cuando somos pequeños, cosas para jugar; y cuando vamos creciendo, bienes para usar y consumir. Pero nada se regala: se obtienen a cambio de dinero que tenemos que canjear previamente por tiempo libre. La vida se vuelve entonces un completo sinsentido y en ese clima no es extraño que se haya originado una nueva pobreza que consiste no tanto en la escasez de bienes, cuanto en la falta de tiempo para cuidar nuestra alma y para ayudar a curar la de los demás. La sociedad de consumo ha generado unos nuevos pordioseros que ya no mendigan bienes materiales, sino tiempo: limosnean unos minutos para que los escuchen. Pero nosotros preferimos malgastar el tiempo en obtener dinero para consumir que darlo como «limosna» a los modernos «mendigos de tiempo».

No sé a quién corresponde la ciclópea tarea de acabar con la obesidad asfixiante que atenaza nuestros espíritus. Estas líneas, a modo de lámpara de Diógenes prendida a la luz del día, no buscan hombres justos, sino intelectuales que asuman el compromiso de engendrar pensamientos críticos que instruyan, enriquezcan y alimenten sanamente los espíritus.

ABC, 20 de julio de 2012

LA DURA PROFESIÓN DE VIVIR

Profesión significa «empleo, facultad u oficio que una persona tiene y ejerce con derecho a retribución». Y «oficio» quiere decir «ocupación habitual». Por su parte, «vivir» es tener vida y durar con ella. Pues bien, a poco que se piense en qué consiste el hecho de vivir, más de uno llegará a la conclusión de que tiene mucho de profesión, ya que mantener la vida es nuestro empleo principal y si lo desempeñamos correctamente obtendremos la correspondiente retribución.

Es verdad que la vida no se elige, nos la imponen; y lo es también que vivir plenamente es una tarea ardua y dura, incluso para los más privilegiados, en la que se necesitan grandes dosis de valor. Pero no lo es menos que, desde que tomamos conciencia del hecho de vivir, iniciamos un camino, más o menos largo, en el que todas nuestras facultades están dirigidas a conservar la vida el mayor tiempo posible y en las mejores condiciones que podamos alcanzar. Aunque la vida es nuestra ocupación esencial, hacemos algo más que vivir. La gran mayoría de nosotros tenemos que desarrollar alguna actividad para poder obtener la manera de sustentarnos. Pero, por muy importantes que parezcan, el trabajo y nuestros de más quehaceres no son más que la sombra del hecho de vivir. Porque así como sin objeto que intercepte los rayos del sol no hay sombra, sin vida no hay ocupación esencial a la que dedicarse.

Ahora bien, aunque vivir es nuestro oficio principal, no está tan claro que todos recibamos la misma retribución por dedicarnos a ello. Depende mucho de cómo se desenvuelva nuestra existencia. Permítanme que lo explique con ayuda de la siguiente metáfora: imaginen que al nacer nos colgaran a cada uno de nosotros una bolsa para que se fuera llenando con todo lo que queramos meter en ella y con todo lo que nos introduzcan los demás. Pues bien, la retribución que llegaremos a obtener por ejercer el oficio de vivir dependerá de lo que haya en la bolsa; o, dicho de otro modo, de cómo vivamos nuestra propia vida, tanto la interior como la externa.

En efecto, la retribución de la vida interior depende en gran medida de nosotros mismos: será tan rica como sea la acumulación que vayamos haciendo en nuestra alma de bienes espirituales y culturales. Las cosas son distintas en el ámbito externo. En esta dimensión, la vida es una especie de balance de dos columnas: en el debe se nos irán cargando los errores y fallos que hayamos tenido con los demás, y en el haber se irán anotando nuestros aciertos afectivos con ellos.

Durante los primeros años, nos van metiendo en nuestra bolsa mucho más de lo que nosotros introducimos en las de los otros. Y todo lo que nos dan en ese tiempo es bueno. Nuestros allegados van llenando nuestro pequeño morral con bienes materiales, como nuestras primeras pertenencias (el chupete, el sonajero, los juguetes, etc.), pero, sobre todo, con los bienes espirituales más valiosos, como el amor y la ternura. Nosotros, en cambio, en esa etapa, que es la de nuestro mayor egoísmo, les damos poco: apenas alguna sonrisa y la satisfacción que les produce cada una de las cosas que vamos aprendiendo (hablar, andar, etc.).

La edad adulta es el momento decisivo para configurar el contenido de nuestra bolsa. Porque, en general, se irá colmando no solo con lo que nosotros vayamos metiendo, sino también con todo lo que nos vayan introduciendo los terceros con los que nos relacionamos: nos corresponderán entregándonos más o menos lo mismo que han ido recibiendo de nosotros. Lo malo es que en el momento de máxima plenitud de nuestra vida solemos prestar poca atención a lo que damos, y en la vorágine de la dura profesión que es vivir tampoco somos muy conscientes de lo que vamos recibiendo.

Al llegar a la madurez toca hacer balance, hay que abrir la bolsa para ver lo que hay en ella, y es entonces cuando comienzan las sorpresas. Hay quienes solo encuentran odio, porque eso fue lo que hicieron sentir a los demás. Y aunque el odio no se ve, lo notan, porque sale de su saco un aire fétido y corrompido que es irrespirable y acaba por asfixiarlos. Los hay que solo han metido bienes materiales, porque eso fue lo que más les preocupó a lo largo de su vida. A estos, las cosas que han acumulado les valen de poco, porque, como son inánimes, no hacen compañía, no se puede hablar con ellas, y no pueden contagiar lo que no tienen: vida, que es lo que más se necesita en ese momento. No recibirán, pues, más satisfacción que el bienestar material que puedan proporcionarle.

En cambio, los que durante su vida han ido haciendo el bien a los demás comprobarán al abrir su bolsa que está llena de afecto. Y aunque este tampoco se ve, se nota de inmediato porque del amor y cariño emana un efluvio tan puro y saludable que invita a respirarlo a bocanadas. Por eso, el que tiene su bolsa rebosante de afectos, que son —correspondidos— los que él dio a los demás, nunca se ahogará. Vivirá el tiempo que le quede envuelto en una atmósfera oxigenada y radiante plena de sentimientos que lo convencerán de que su modo de actuar en la vida mereció la pena, como lo demuestran el buen recuerdo que dejó en los demás y el cariño que le profesan. Los que tengan la fortuna de tener su bolsa repleta de afectos podrán decir que desempeñaron acertadamente el oficio de vivir y que recibieron por ello la más preciada de las retribuciones: el aprecio de los demás.

ABC, 1 de noviembre de 2021

EL RITMO DE LA VEJEZ EN LA MADUREZ

En su magistral novela «El amor en los tiempos del cólera», García Márquez pone en boca del doctor Urbino Daza dos reflexiones sobre el ritmo de la vida en el momento de la madurez. La primera es que «la humanidad, como los ejércitos en campaña, avanza a la velocidad del más lento», y la segunda que «los viejos, entre viejos, son menos viejos». Aunque estoy de acuerdo en general con ambas afirmaciones, requieren algunas consideraciones.

El primer pensamiento del genial escritor colombiano confronta los dos ritmos extremos a los que puede progresar la humanidad: el más rápido y el más lento, para extraer la abrupta y despiadada conclusión –que también alcanza el doctor Urbino Daza– de que aquélla podría avanzar a más velocidad sin el estorbo de los ancianos. La afirmación puede ser tan áspera como cierta, pero entiendo que lo que hay que preguntarse no es cómo se avanza más rápido, sino si vivir aceleradamente es un valor en sí mismo. Hoy vivimos a un ritmo vertiginoso sin que exista una justificación razonable. En la hedonista vida moderna, no dejamos de correr, aunque la carrera sea más para conseguir cosas que formación espiritual. Y claro, al acelerar atolondradamente la cadencia vital, se nota mucho más la lentitud de los que van a menos paso. Pero la cuestión en este punto no es el ritmo al que van los más lentos, sino si tiene mucho sentido que los de paso más rápido vayan tan de prisa para conseguir tres o cuatro cosas más. Por eso, pienso que si viviéramos menos desbocadamente, la lenta sabiduría de la vejez nos parecería menos estorbo.

También se puede estar de acuerdo con que los viejos, entre viejos, son menos viejos. Pero siempre que esta idea no se entienda en el sentido de propugnar un apartamiento por edades para desgajar a los de más edad del grupo de los más jóvenes, sino justamente en el entendimiento de que aquéllos pasen una parte de su jornada diaria con personas de su misma generación. Porque lo que se persigue es que se auxilien en sus soledades, en sus silencios, en sus miradas desgastadas por la vida y, si fuera el caso, que den oportunidad a alguna nueva ilusión, porque es el cuerpo el que se desgasta, no el alma. En este punto, más que plantear la disyuntiva de juntar o no a los viejos entre sí, se trata de hacer todo lo posible para que estén también con sus seres más queridos. La cuestión está, por tanto, no en sentirse menos viejos, sino mejor acompañados. Y es que sin la alegría que da la compañía de los nuestros el alma acaba desangrándose paulatinamente.

Para completar las reflexiones de García Márquez sobre el ritmo de la vida en la madurez, voy a permitirme el atrevimiento de hacer otra consideración que tiene que ver con lo poco que aprovechamos la sabiduría de los que alcanzan la edad longeva. En la vida alocada de hoy recurrimos muy pocas veces a unas personas muy juiciosas que suelen estar muy cerca de nosotros. Me refiero a los que denomino «sabios del bastón», esto es, esas personas, que podemos encontrar con frecuencia en nuestros pueblos y ciudades, sentadas en las plazas o ante las puertas de sus casas, y que llevan, como símbolo de su autoridad, un cayado, en el que suelen apoyar sus manos, haciendo reposar su cabeza sobre ellas.

Los sabios del bastón suelen reflejar en su rostro la larga vida que llevan consumida y, si se les mira atentamente a los ojos, se ve que emana de ellos una gran sabiduría, adquirida principalmente a través de la experiencia y la observación. La experiencia les habrá hecho reparar en que la vida humana es, como ha dicho Rom Harré, «una mezcolanza errática, a veces irracional e inexplicable en apariencia, de lo maravilloso y lo horrible». Y la observación, les habrá permitido obtener un fruto de extraordinario valor: conocer a las personas.

Estos sujetos hablan poco y, al contrario de lo que nos ocurre a la mayoría, les gusta escuchar a los demás antes que oírse a sí mismos. Pero cuando hablan, saben muy bien lo que dicen. Por eso, si en este mundo alguien tuviera el poder de hacer callar por un instante a todos los que estuvieran hablando sin saber, la voz de aquéllos sería una de las pocas que romperían el profundo silencio en que habría quedado sumido nuestro planeta. Pero los sabios del bastón sólo enseñan a vivir, no reparten bienes materiales. Se limitan a resumir con pocas palabras sus reflexiones sobre los distintos problemas de nuestras vidas. Pero que nos enseñen a vivir, es algo que no suele interesarnos. Tenemos tan alto concepto de nosotros mismos, que entre aprender o enseñar nos sentimos más preparados para esto último. Con lo listos que nos creemos, los consejos de los sabios del bastón no pueden ser más que «rollos» que nos hacen perder nuestro escaso y «valioso» tiempo.

La consecuencia es que estamos desperdiciando a los sabios de la vida, a los que atesoran lo más difícil de aprender, que es saber vivir. Pasamos a su lado sin detenernos, no ya a escucharlos, es que ni siquiera los miramos. Somos tan necios que los hemos apartado de nuestras vidas. Tal vez, porque sólo vemos en ellos el resultado que produce la edad en el cuerpo, sin reparar, en cambio, lo que acontece en su alma que está repleta de sabiduría. Estamos tan ciegos que mereceríamos que nos dieran con su bastón, para ver si así dejamos de ser ilusos sedientos de bienes materiales y nos aprovechamos de lo mucho que saben los longevos.

Por lo que tiene de bueno la madurez, no comparto la opinión de Oscar Wilde, cuando dice que la tragedia de la vejez no es que uno sea viejo, sino que uno es joven. Pero para que esto no suene a consuelo –porque soy de los se acercan a los últimos tramos de la vida– prefiero pensar con André Maurois que es preciso que los jóvenes sean injustos con los hombres maduros, porque si no, los imitarían y no se progresaría.

ABC, 8 de abril de 2013

LOS AZOTACALLES Y EL ESTADO DE DERECHO

Desde hace poco tiempo, un sector minoritario y agresivo de la población se ha convertido en una especie de azotacalles con el fin de aparentar que representa la voluntad popular y está empezando a campar por sus respetos con total impunidad. Mediante su presencia ruidosa y constante en los medios de comunicación, esta turba callejera intenta hacerse pasar por el pueblo como tal, que es la fuente de la que emana la justicia. Estamos ante un fenómeno más grave de lo que pudiera parecer a primera vista y que conviene atajar antes de que sea demasiado tarde.

Hablar del pueblo como fuente de la justicia no supone una mera licencia literaria, sino hacerse eco de un precepto de nuestra Constitución, que dispone que la justicia emana del pueblo. Es verdad que esta norma no emplea la palabra fuente, pero también lo es que utiliza «emana» y lo hace con precisión para enlazar la justicia con su origen: el pueblo. Es decir, para nuestra Constitución el pueblo español es la fuente de la que brota la justicia. A esto se refiere el Preámbulo de nuestra Carta Magna cuando proclama que la voluntad de la Nación española es «consolidar un Estado de Derecho que asegure el imperio de la ley como expresión de la voluntad popular». El pueblo es, por tanto, la fuente mediata de la justicia en la medida en que la ley expresa la voluntad de aquel. Lo cual significa que los jueces hacen justicia cuando aplican la ley que expresa la voluntad popular, cosa que sucede cuando el correspondiente texto normativo es elaborado por las Cortes Generales, que son las que ejercen la potestad legislativa. Este es, en síntesis, el Estado de Derecho que ha consolidado nuestra Constitución.

Pues bien, en los últimos tiempos, la claridad de nuestro sistema jurídico se está enturbiando por la irrupción turbulenta en la sociedad de esa «otra» voluntad de los azotacalles que no tiene nada que ver con la voluntad popular que se expresa en la ley. Esta «otra» voluntad a la que me refiero no puede calificarse como popular porque, aunque es verdad que procede del pueblo, también lo es que representa a una parte muy reducida de él. Por otro lado, la voluntad que portan los azotacalles carece de legitimidad democrática de origen porque no es la que se expresa a través de la ley: se configura en un ámbito completamente ajeno al control democrático. Se trata de una voluntad difusa, manipulada y menos espontánea de lo que se piensa. Procede de los sectores políticos más radicales de la sociedad, a los que se van agregando en una especie de aluvión personas verdaderamente afectadas por los problemas que aquellos dicen defender.

Esta voluntad se canaliza, por lo general, a través de las redes sociales y utiliza la confrontación callejera como cauce para tratar de imponerse sobre la ley. Son varios los ámbitos en los que florece esta voluntad, que podríamos denominar «callejera», pero se manifiesta de manera especialmente intensa en dos: en el de la elaboración de las leyes y en las actuaciones de los tribunales.

El Estado de Derecho cristalizado en nuestro texto constitucional parte de que la ley expresa la legítima voluntad popular porque es elaborada por los representantes del pueblo en el que reside la soberanía nacional. La voluntad popular que interesa al Estado de Derecho no es, por tanto, cualquier voluntad que proceda de los ciudadanos, sino solamente la que se expresa a través de las Cortes Generales, que son las que lo representan y en las que reside la potestad legislativa. Pues bien, las minorías agresivas que integran esa especie de turba callejera pretenden sustituir la voluntad de los parlamentarios por la que ellos dicen representar presionándolos con actos tan antidemocráticos e ilícitos como los asaltos al Congreso de los Diputados y el acoso y hostigamiento a los diputados en sus domicilios. Y en el ámbito de la aplicación de la ley, los azotacalles se organizan para crear un estado de confusión en el que se hace pasar por injusto todo aquello que no coincida con los postulados que defienden. A través de esa vía consiguen impedir que se ejecuten sentencias firmes de los tribunales, porque, por ejemplo, a un desahuciado por impago de las cuotas de la hipoteca que dista de estar en la penuria no se le ofrece permanecer en la vivienda sin pagar.

Aunque la murga callejera ha existido en otros momentos, en nuestros días concurren ciertos factores que han aumentado su explosividad. Además del hecho de que gobierne la derecha, contribuye a la reciente algarabía de los azotacalles la crisis económica con unos efectos tan devastadores que jamás se habían vivido con anterioridad. A lo que debe agregarse la coincidencia temporal con una profunda crisis institucional. La distribución territorial del Estado no solo genera tensiones entre el poder central y las autonomías más reivindicativas, sino que estas hacen gala en los últimos tiempos de una «desobediencia» constitucional que revela una cierta debilidad del Gobierno central. No sería extraño que incluso los más fervientes defensores de nuestra Constitución tuvieran serias dudas de que actualmente la soberanía nacional siga residiendo en el pueblo español, así como que de él emanen los poderes del Estado.

Pero no solo está en crisis el modelo autonómico; la generalidad de los ciudadanos percibe que ha crecido de manera elefantiásica la estructura de las tres administraciones públicas, la central, la autonómica y la municipal, sin que ello haya conllevado una mejora en la eficiencia de los servicios públicos. Lo cual hace pensar a muchos de nosotros que los políticos no han sufrido la crisis en la misma medida que otros sectores de la población. Lo cual no deja de ser paradójico, porque lo están pasando mejor los representantes de los ciudadanos que el propio pueblo representado. Finalmente, han fallado todos los mecanismos de control de la economía, lo cual ha hecho posible una galopante corrupción entre la clase política y los dirigentes de algunas instituciones financieras. A lo que se añade una inaceptable sensación de impunidad: apenas se exigen responsabilidades y cuando hay un condenado jamás devuelve lo que se ha llevado.

No es de extrañar que en este caldo de cultivo acampen a sus anchas los alborotadores callejeros, que actúan ferozmente porque tienen también sensación de impunidad: tampoco a ellos se les aplica la ley, porque su «voluntad callejera» se acaba imponiendo a la voluntad popular expresada en la ley.

Se está debilitando sensiblemente la «autoritas» de quienes tienen el monopolio legal del ejercicio del poder ganado en las urnas. No se trata de exigir el empleo de la dureza, sino de la firmeza que proporciona el respaldo del voto mayoritario del pueblo español. Si no se ataja esta sensación de desgobierno y desamparo frente a los que no respetan la ley, se irá abriendo paso, lenta pero imparablemente, la idea de que España está dejando de ser un Estado de Derecho que asegura el imperio de la ley como expresión de la voluntad popular. Y si nos seguimos deslizando por este peligroso tobogán, va ser difícil detenerse y casi imposible dar marcha atrás.

ABC, 15 de mayo de 2013

EL SENTIDO COMÚN Y EL SENTIDO PROPIO

Según el Diccionario de la Lengua Española de la Real Academia, sentido común significa «modo de pensar y proceder tal como lo haría la generalidad de las personas». Como puede observarse, esta acepción resulta de la concurrencia de tres presupuestos, a saber: que hay un sentido, denominado común, que consiste en un determinado modo de pensar y de proceder; que la generalidad de las personas tiene ese sentido al coincidir en un modo de pensar y de proceder; y que a través de la comparación entre el sentido propio de una persona y ese sentido de la generalidad se puede afirmar que tal sujeto posee sentido común si piensa y se comporta como lo haría esta. A mi modo de ver, no estamos ante un sentido con perfiles nítidos.

Si nos detenemos a examinar con atención estos tres elementos del concepto expuesto, cabe sostener que si por «sentido» se entiende «el modo particular de entender algo, o juicio que se hace de ello» (5ª acepción), así como «la inteligencia o conocimiento con que se ejecutan algunas cosas» (6ª acepción), dar a la expresión «sentido común» una acepción consistente simultáneamente en un modo de pensar y un modo de proceder es perfectamente congruente con otros significados de la palabra «sentido». Estamos ante un sentido peculiar integrado por imaginar, considerar o discurrir, y al mismo tiempo por portarse y por gobernarse –es decir, actuar–, bien o mal.

Adjetivada con la palabra «común», la acepción del término «sentido» se distancia, por tanto, de sus significaciones primarias que lo describen relacionado con sentimientos o sensaciones. Cuando se habla de sentido común no se hace referencia a un sentimiento, ni a unos procesos fisiológicos de recepción y reconocimiento de sensaciones y estímulos producidos a través de la vista, el oído, el olfato, el gusto o el tacto, sino a algo diferente como son un modo de pensar y de conducirse.

La segunda característica de la expresada acepción gramatical es que parte de que la generalidad de las personas tiene un modo de pensar y de proceder. El modo de pensar y de proceder de cada uno es el sentido propio. Y como todos tenemos sentido propio, tomados como generalidad, existirá necesariamente un sentido de la generalidad, que sería la suma de todos los sentidos propios de los integrantes de ésta. Pero con este presupuesto se quiere decir algo más: se parte de la idea de que hay un grado de coincidencia tal entre todos esos sentidos propios de la generalidad que cabe conformar idealmente el de mayor habitualidad o el que concurre con mayor frecuencia, al que, por esa razón, se denomina «común».

El problema que se plantea en este punto es casi de ingeniería analítica –si se me permite la expresión–: hay que aislar de todos y cada uno de los sentidos propios de los que forman la generalidad los rasgos que se repiten invariablemente, y conformar seguidamente con ellos el modo de pensar y de proceder que es común a todos. A esta dificultad se añade la de su posible dimensión temporal. La cuestión es saber si hay un sentido común permanente e inmutable que se repite en todas las épocas; o si, por el contrario, estamos ante un modo de pensar y de proceder que va cambiando de acuerdo con las características de cada tiempo y lugar. La respuesta no es fácil, pero todo parece indicar que en el sentido común hay un factor temporal y espacial. Es algo parecido a lo que puede suceder con las buenas costumbres: la expresión es única y la misma, pero en su contenido influyen de un modo determinante las circunstancias de tiempo y lugar. A pesar de lo mucho que nos une, no creo que pueda hablarse aún de unas buenas costumbres europeas, unitarias para toda la Unión Europea. Es posible que suceda lo mismo con el sentido común.

Para configurar el sentido común hay que proceder, por último, de un modo comparativo. Una vez aislado y conformado ese modo de pensar y proceder común de la generalidad, para saber si alguien tiene o no sentido común hay que contrastar su sentido propio con el de la generalidad. De tal suerte que si el sujeto en cuestión piensa y procede de un modo coincidente con el que asignamos idealmente a la generalidad, podrá afirmarse que tiene sentido común y que carece de él en caso contrario. Pero ¿hay alguien especialmente encargado de efectuar esta comparación? La respuesta es negativa. Es nuestro sentido propio el que realiza esta confrontación. Pero quien dice de otro si tiene o no sentido común, no averigua primero cuál es el modo de pensar o proceder que se considera como común, sino que determina lo que es el sentido común de acuerdo con su sentido propio y, desde este, juzga si el sujeto en cuestión posee o no aquel sentido. Tal vez por esto último hay una idea extensamente difundida que considera el sentido común como el menos común de los sentidos. Este pensamiento parece expresar una aporía: racionalmente no se puede calificar un sentido como común y decir al mismo tiempo que es el menos común de todos. O ese sentido ha sido mal adjetivado al llamarlo común, o se está haciendo una pirueta mental ingeniosa, pero inexacta, al decir que tal sentido es a la vez común y poco habitual.

En la línea de aclarar qué es el sentido común, conviene detenerse en la siguiente frase de Unamuno: «existe gente que está tan llena de sentido común que no le queda el más pequeño rincón para el sentido propio». De nuevo estamos ante un pensamiento brillante pero inexacto, que hace perder claridad y precisión a los ya confusos contornos del sentido común. Y es que el sentido propio y el común no son sentidos distintos e incompatibles que haya que contraponer. En el plano individual, solo hay sentido propio y éste ocupa todo el ámbito de cada individuo. Lo que ocurre es que en aquellas personas que poseen un sentido propio coincidente ampliamente con el modo de pensar y de proceder de la generalidad, su sentido propio está repleto de sentido común. Pero todo en cada una de ellas es sentido propio.

ABC, 30 de septiembre de 2013

NUEVOS PIRATAS DE LAS COMUNICACIONES

Se atribuye al político francés Camille Sée la frase «la historia se repite, pero sus lecciones no se aprenden». La explicación de este desatino colectivo quizás esté en la propia condición humana que tiende a reiterar de vez en cuando algún acontecimiento desfavorable sin extraer las debidas conclusiones. Es como si hubiera algo irreprimible en nuestra naturaleza que nos mueva a reincidir en un error sin reparar en que estamos equivocados. Esto explica que haya reaparecido en nuestros días una actividad que se asemeja mucho a la antigua piratería del mar, una ocupación promovida desvergonzadamente por algunos monarcas que desapareció afortunadamente hace siglos. En efecto, la realidad actual nos muestra que en el vasto océano de las comunicaciones hay constantes abordajes llevados a cabo por los nuevos corsarios que se infiltran rápida y silenciosamente en los medios de transmisión con modernos y sofisticados instrumentos tecnológicos para interceptar las conversaciones ajenas.

Si durante los siglos XV a XVIII floreció la actividad de asaltar buques mercantes para hacerse con los bienes de valor que transportaban y lucrarse con su venta, actualmente se navega por el piélago de las comunicaciones interceptando las transmisiones entre terceros para capturar la valiosa presa de la información. En la sociedad de la comunicación globalizada, hacerse con lo que están planificando los otros poderosos supone llevar un paso de adelanto que tiene un valor incalculable a la hora de trazar la propia estrategia.

Por eso, reaparecen personajes de aquellos siglos. Los antiguos piratas del rey, llamados corsarios porque recibían patente de corso del monarca para practicar la piratería contra los barcos de los países enemigos, son hoy los agentes de los servicios secretos de los Estados. Al igual que aquéllos, éstos se dedican al espionaje de las comunicaciones con pleno conocimiento y autorización de los respectivos jefes del Poder Ejecutivo, que les dan patente de corso para capturar ilegalmente toda información que interese política o económicamente.

Pero la codicia por la información ajena ha llegado hasta tal extremo que los corsarios de la información se comportan con mucha más deslealtad que los vetustos corsarios del Rey. Éstos conseguían acercarse a los buques de sus víctimas engañándolos con pabellones de otros países, pero antes del abordaje izaban siempre la bandera pirata para atemorizar y conseguir una rápida rendición. En cambio, los servicios secretos actúan siempre clandestinamente procurando que en ningún momento los espiados se enteren de este asalto furtivo a su privacidad.

El botín de los corsarios modernos es mucho más valioso que las monedas de oro y las alhajas de antaño: los antiguos saqueadores de buques anhelaban la riqueza material, los actuales corsarios de la información ansían el poder. Y cuando es esto lo que se persigue, no hay hartura aunque se satisfaga con exceso: el poderoso no se sacia jamás de información, tiene una cabida ilimitada para engullir todo conocimiento proveniente de terceros que le procure una situación de ventaja. Y gracias a revelaciones de algunos protagonistas deslenguados se ha dado a conocer que hay Estados que espían no solo a enemigos y adversarios, sino incluso a los propios aliados, disfrazando su inadmisible actuación con el ropaje de la seguridad cuando lo que persiguen muchas veces es un inconfesable y desmedido afán de poder político y económico. Este comportamiento entre aliados parecería especialmente alevoso, de no ser porque todos se espían entre sí y nadie confía seriamente en que los países amigos no interceptarán sus comunicaciones.

Tanto en la antigua piratería del mar como en la de las comunicaciones se saquea a los que tienen algo que interese. Los corsarios y piratas abordaban los buques españoles, ingleses, franceses y holandeses que iban cargados con mercancías valiosas, desde oro y piedras preciosas hasta esclavos. En la actualidad, los corsarios de los servicios de inteligencia interceptan, por razones económicas, las comunicaciones de los países más ricos, como EE.UU., Rusia, China, Japón, los miembros de la UE y algún otro de economía emergente; y, por razones de seguridad, las de los países que cobijan los movimientos terroristas.

Pero en la moderna navegación no solo hay esos corsarios con patente de Estado, las modernas redes sociales están propiciando la aparición de unos sujetos detestables que se dedican a un tipo especial de piratería consistente en violentar la intimidad de los particulares. En efecto, cuando alguien utiliza las palabras, en forma oral o escrita, para expresar sus ideas y pensamientos y hacer que sean captadas por los demás, se convierte en autor de las mismas. Este sujeto puede querer que no salgan del entorno privado en el que fueron comunicadas, en el que es muy poco probable que desee mantener oculto el hecho de su paternidad. Entre los suyos, no tendrá ningún inconveniente en declararse autor y hacerse responsable de sus manifestaciones. Pero no deja de ser una responsabilidad menor porque lo reducido del entorno hará poco trascendente el juicio o la opinión expresada a los más íntimos.

Las cosas son distintas cuando los pensamientos son comunicados a la generalidad o a un círculo amplio e indeterminado de personas. En este caso, el autor puede identificarse, generalmente con su nombre entero o parcial, u ocultar su identidad ya sea utilizando un seudónimo, ya escondiéndose en el anonimato. Cuando alguien emplea su propio nombre, además de la paternidad, asume las consecuencias del contenido de su pensamiento y del hecho de su difusión, entre las que destaca no traspasar los límites de su libertad de expresión. Y, si navega así por la red, enarbola visiblemente el pabellón de su personalidad. Pero hay otros que irrumpen en la red para acosar verbalmente a los demás sin dar la cara, eludiendo todo tipo de responsabilidad al ampararse en seudónimos difícilmente rastreables.

Éstos son auténticos piratas. Es verdad que esta otra piratería presenta innegables diferencias con la de los espías-corsarios: la presa no es la información sino expresarse sin límites, el objetivo no es el poder sino actuar impunemente, y no hay autorización del Estado sino aprovechamiento de los defectos de control que aún presenta la red. Pero si recurro al símil de la piratería es porque hay demasiados navegantes por la red que se deslizan cobardemente, amparándose en su falta de identificación para violentar el honor, la intimidad y la imagen ajenos. Estos piratas, como los de antaño, deben ser perseguidos hasta sacarlos de sus madrigueras porque no ejercitan derecho ni libertad dignos de cualquier protección.

ABC, 1 de noviembre de 2013

LOS DAÑOS COLATERALES
DEL ASCENSO EN POLÍTICA

Sucede con más frecuencia de la deseada que el nombramiento para un nuevo puesto, ya sea en un partido, ya en la política local o nacional, provoca en el designado una transformación paulatina e imparable en su forma de ser. La mudanza del agraciado se hace más apreciable cuanto más alto es el cargo al que accede, pero no deja de producirse por escasa que sea su importancia. En efecto, quienes conocían al político ascendido suelen decir que, en el ámbito puramente personal, se vuelve engreído, vanidoso y, en no pocas ocasiones, soberbio; que con sus antiguos amigos es cada vez más distante; y que, en las nuevas relaciones que le depara su flamante puesto, es lisonjero con los que tiene por encima y tirando a déspota con sus inferiores.

A poco que se reflexione sobre las razones de tan brusco cambio de conducta, se descubre que hay causas que son externas al propio sujeto y otras que son consecuencia de su propia forma de ser.

Entre las primeras, y debido a los perniciosos efectos que produce, hay que mencionar, por encima de todas, el clima de adulación creado por los que lo rodean. Como el político ascendido suele contar con numerosos colaboradores, cuyas posibilidades de promoción dependen en una buena medida de él, se comprende que muchos de estos se dediquen a decir o a hacer lo que le agrade, y cuanto más mejor. Hay aduladores de todo tipo: desde los completamente burdos hasta los más sutiles. Pero los efectos de la adulación en el político promocionado suelen ser en todos los casos los mismos: por la reiterada e incesante actuación de los aduladores, va adquiriendo tan elevado concepto de sí mismo, que acaba por considerar los elogios, cuanto menos, merecidos y, a veces, hasta escasos.

Otra causa exógena de su transformación suele ser la fascinación y el entusiasmo que provoca entre los simpatizantes del partido y, no pocas veces, en el público en general. Unos y otros le aplauden a su paso, no son pocos los que desean tocarle y, en los casos de puestos muy relevantes, hasta los hay que le ofrecen a sus niños para que los bese. A las dos causas anteriores cabría añadir, finalmente, la nueva vida que trae consigo el cargo: multitud de conocidos con sus propios intereses, que van tejiendo, imperceptible pero eficazmente, una invisible tela de araña que envuelve al político que va medrando.

Se produce así una especie de inmersión progresiva en una nueva existencia en la que apenas hay espacio para la amistad. Y va teniendo lugar una paulatina e imparable sustitución de los valores que poseía cuando tenía un status normal por unos nuevos «valores» a cuyo frente se sitúa el ansia de dominar. Es como si de pronto se encontrara cabalgando a galope en un brioso corcel por un nuevo campo, el del poder, en el que no crece la flor de la amistad, sino la del interés.

Pero, aunque sea muy importante el efecto que produzca el cambio de los demás hacia él, la metamorfosis del político en ascenso no obedece solamente al creciente servilismo de estos. También hay factores endógenos, atribuibles al contagio de espíritu por la enfermedad del ansia de poder. Si el nuevo cargo obtiene éxitos, lo lógico es que no los atribuya al equipo que trabaja con él, sino a su propia capacidad e inteligencia. «¡Es a mí a quien aplauden!» llegará a pensar. Y si las críticas constructivas de sus adversarios políticos no son todo lo fuertes y eficaces que debieran, acabará por creer firmemente que las únicas propuestas acertadas son las suyas. Una cosa y la otra, irán robusteciendo su grado de autoestima, lo que hará que se muestre cada vez más confiado y prepotente. Y lo que es peor, a medida que vaya creciendo la confianza en su capacidad, en la misma proporción irá disminuyendo su nivel de autocrítica. Si a esto se añade que como los que están a su lado no suelen decirle la verdad, el político inicia una levitación «místico-política», que lo aleja progresivamente de la realidad.

La conclusión que se saca de todo lo anterior es que si se midiera en el momento de acceder al cargo la talla del político que he venido describiendo, y nuevamente cuando ya ha experimentado el cambio, se obtendrían dos estaturas diferentes. La primera, nos daría su altura desde la cabeza a los pies; y la segunda, la distancia desde el suelo en el que está el pedestal en el que ha acabado por subirse hasta su cabeza. En el primer caso, su talla era menor físicamente hablando, pero, con toda probabilidad, mucho mayor desde el punto de vista personal e intelectual. En el segundo caso, la distancia entre la cabeza y el suelo, pedestal en medio, será más amplia, pero mucho más reducida su dimensión humana y, desde luego, su sabiduría. Porque el ensoberbecimiento y la vanidad de muchos de los que se dedican a amasar el poder apenas dejan espacio para la humildad y la modestia propia de los que cultivan el espíritu.

Comprendo que debe ser muy difícil estar permanentemente en una posición de autocrítica. Y entiendo también que es muy fácil que lleguen a flaquear las fuerzas cuando los constantes halagos de los demás hacen sentir por las venas el magnetismo del poder. Pero justamente por ello, el político –todo político– debe tener alguien a su lado que tenga la lealtad de recordarle, todas las veces que haga falta, que es mortal (el *memento mori* de Julio César) y que la gloria solo se alcanza de verdad cuando se asientan los pies en el suelo de la realidad y no en la «espuma» escurridiza de la adulación, ni en el falso pedestal que se va construyendo con los halagos engañosos de los merodean en torno al poder.

ABC, 2 de abril de 2014

NO ABORREZCAS PARA SIEMPRE

Bajo el guarismo 217, titulado «Ni quieras ni aborrezcas para siempre», de su obra «El arte de la prudencia», escribió Baltasar Gracián, entre otros, los dos pasajes siguientes: «Cuenta con que los amigos de hoy pueden ser los enemigos de mañana, y de los peores», agregando que «con los amigos, secreta prevención. Con los enemigos, abierta actitud de reconciliación».

A la vista de estos dos pensamientos de Gracián, podría parecer que tenía cierto recelo respecto de la amistad, al tiempo que se mostraba demasiado favorable a la pacificación con los enemigos. En efecto, a pesar de que en el rótulo «ni quieras ni aborrezcas para siempre» (en otras versiones figura «Ni amarás ni odiarás eternamente») se equiparan, en cuanto a la conveniencia de ponerles fin, sentimientos de signo contrario, como el amor o el odio, lo cierto es que el autor nos previene en mayor medida frente a la amistad que frente al odio.

Pero, ¿puede el amor ser tan duradero como el odio? O, planteado de otro modo, ¿cabe amar y odiar para siempre? No es fácil responder a esta pregunta, porque mientras que hay varias clases de amor, el odio es de un solo tipo. El amor es un sentimiento que se asemeja a un árbol: tiene un tronco que se diversifica en diferentes ramas. En el sentimiento del amor entre humanos hay en todo caso aprecio, afecto, inclinación o entrega hacia otra persona. Pero a partir de aquí este sentimiento admite diversas variedades. Por ceñirnos solo a las más habituales, hay amor entre personas por el hecho de pertenecer a una misma familia, o porque existe amistad. Pero se ama también cuando se siente inclinación hacia una persona que nos atrae y que provoca el deseo de unirnos duraderamente con ella, como el amor de pareja. El odio en cambio parece un sentimiento unívoco, en el sentido de que su contenido es siempre el mismo: un sentimiento de aversión y antipatía hacia alguien cuyo mal se desea. Por eso, tengo para mí que es más fácil aborrecer que amar perdurablemente.

Son también interesantes las advertencias que realiza Gracián sobre la amistad. Nos hace notar que los amigos no lo son para siempre y que, a veces, la pérdida de la amistad no desemboca en simple indiferencia, sino que torna al amigo en enemigo y de los más encarnizados. Lo cual se debe, como explica más ampliamente en el comentario, a que la vida está sujeta a cambios constantes, de tal suerte que, en ocasiones, una modificación inesperada de las circunstancias provoca en nosotros un cambio de actitud que extingue el antiguo afecto que sentíamos por alguien y origina en éste, por consecuencia, un sentimiento de enemistad y odio.

Pero el autor no se limita a dejar constancia de este hecho. Extrae una enseñanza, aunque, en principio, parece reducirla a las amistades pasajeras y momentáneas. Nos dice que a estas amistades no les demos «armas», sin aclarar a qué armas se refiere. Pero como añade seguidamente: «con los amigos, secreta prevención», parece que nos aconseja que no hagamos confidencias que luego puedan volverse contra nosotros.

Lo que late en el fondo de este mensaje del jesuita Gracián es que abrirse a los demás en lo sustancial de nuestro yo más íntimo es ponerse en sus manos. Hay veces en que la atmósfera placentera que rodea los momentos que pasamos con los amigos nos hace bajar la guardia y abrir los diques de nuestra intimidad, momento en el cual dejamos al descubierto alguna zona espiritual de las más reservadas. Es cierto que la gran mayoría de nosotros apenas suele tener secretos inconfesables, pero siempre hay algo que nos guardamos celosamente. Además, todos tenemos procedimientos de razonar ocultos que nos sirven para tomar nuestras decisiones. Si los revelamos, estamos dando a conocer el proceso mental que guía nuestras actuaciones y en cierto modo quedamos desarmados antes nuestros interlocutores.

Si al amigo fugaz de hoy que se convierte en el enemigo del mañana, le hemos abierto, aunque sea una parte pequeña, de nuestra intimidad no solo podrá hacernos daño contando aquello que debía mantener oculto, sino también adelantarse a nuestros movimientos por conocer nuestra forma de actuar.

Pero cabría preguntarse si hay que ampliar la «secreta prevención» de que habla Gracián a las llamadas amistades de toda la vida. Es verdad que resulta sumamente improbable que los amigos íntimos, que suelen ser muy pocos, dejen de serlo. Y, por tanto, que serán muy escasas las probabilidades de que se conviertan en enemigos. Pero como hay algún caso de ruptura violenta de tal tipo de amistad, no está de más reservarse para uno mismo alguna zona espiritual de nuestro yo más íntimo. Porque siempre que abramos al alguien nuestro corazón, estamos rasgando el velo que tapa el santuario de nuestra intimidad. Y, a partir de ese momento, queda despejado el camino para la infidencia. Que permanezca prolongadamente oculta esa parte reservada de nuestro corazón ya no dependemos enteramente de nosotros, sino de otros, aunque sean los amigos más íntimos. En este punto, me permito recordar el viejo proverbio que asegura la máxima reserva: si no quieres que se sepa algo no lo cuentes a nadie. Y nadie es nadie.

El autor dedica el último inciso del pasaje anteriormente reproducido a aconsejarnos con respecto al trato que ha de darse a los enemigos. Nos recomienda que tengamos frente a ellos una actitud de reconciliación. El consejo es tan bueno como difícil de seguir. Porque rota la relación de amistad, sobre todo la que fue muy íntima, el sentimiento de afecto en el mejor de los casos desaparece y en el más habitual se sustituye por odio, como el propio autor nos advierte. Y tanto en un caso como en el otro, resulta casi imposible volver a unir sentimientos que o no existen porque han desaparecido o son de mutua aversión.

Y es que para que exista la reconciliación no basta con que lo desee y lo intente una sola de las partes. Se necesita que el deterioro del afecto no provocado en el enemigo la detestable enfermedad del resentimiento, ya que la única medicina que cura esta enfermedad es la generosidad. Y esta nobilísima pasión, como dice Marañón en su «Tiberio», nace con el alma: se puede fomentar o disminuir, pero no crear en quien no la tiene. La deseable reconciliación depende, pues, del modo de ser del enemigo y éstos, al contrario que los amigos, no se escogen.

ABC, 26 de julio de 2014

EL ESCARPADO CAMINO HACIA LA HUMILDAD

Si según la primera acepción del diccionario de la Lengua Española de la RAE la humildad es la "virtud que consiste en el conocimiento de las propias limitaciones y debilidades y en obrar de acuerdo con este conocimiento", no creo equivocarme demasiado si digo que es una de las virtudes más escasas del ser humano.

No es fácil llegar a conocer las propias limitaciones y debilidades. Se requiere un esfuerzo de introspección desprovisto de amor propio que suele dificultar en grado extremo nuestra natural tendencia hacia la soberbia. Por eso, solamente los espíritus más fuertes, los que se ejercitan en el conocimiento profundo de la naturaleza humana, son capaces de conocerse (el "conócete a ti mismo" de los sabios griegos) y llegar a ser conscientes, tras una comparación neutral y sincera con los demás, de sus inmensas carencias.

Pero si ya es difícil ser consciente de las propias debilidades y limitaciones, todavía lo debe ser más obrar en consecuencia. Es posible que cada uno en el fondo de su alma llegue a admitirse como es, pero tengo para mí que la tendencia humana hacia la vanagloria y la jactancia nos inclina a mostrarnos hacia los demás mucho más envanecidos de lo que deberíamos. Y justamente esa propensión a mostrarnos mejores de lo que somos es la que impide que obremos de acuerdo con las limitaciones y debilidades que realmente poseemos.

Por lo que acabo de decir, pienso que hay que recorrer un camino abrupto hasta llegar a la humildad, a la que solo se puede arribar si navegamos a bordo del barco del amor. Tenemos que empezar amándonos a nosotros mismos hasta el extremo de aceptarnos como realmente somos: al observar nuestro interior debemos despojarnos de la careta de la arrogancia y aceptarnos y querernos con el compendio de fortalezas y debilidades con que vinimos a este mundo. Si no sentimos amor sincero por nosotros mismos será prácticamente imposible que podamos entregarnos a los demás.

Tampoco es fácil amarnos a nosotros mismos, al menos en el sentido en que empleo ahora esta palabra. Porque no hablo de llenarnos de orgullo y complacencia por las buenas cualidades que poseamos, sino de transitar por el difícil sendero de amarnos tal como somos, sin tapujos ni disimulos, destilando el alma hasta que solo nos quede amor para dárselo a los demás. Dicho tal vez más claramente: solamente quien respire amor es capaz de asistir con sus bocanadas de sincero afecto a los que se ahogan por su falta.

Esta primera etapa del camino hacia la humidad parece, a primera vista, más fácil de lo que es, porque se enuncia como "amarnos a nosotros mismos". Pero no se trata de un amor que se agote en sí mismo, que sea un punto de llegada final, sino solamente la carrerilla que se toma para dar el impulso necesario hasta llegar al difícil campo del amor a los más necesitados. Es situarse al nivel del polvo del camino para dar aliento a los que están allí porque ya no pueden caer más bajo.

Solo cuando el alma se sitúa a ras de suelo, está en el punto donde se da la máxima igualdad entre los seres humanos, donde la única atmósfera respirable es la de la dignidad humana, donde no hay sentido de superioridad, ni búsqueda del éxito, ni vanagloria de las propias acciones, ni arrogancia, ni orgullo, sino solo modestia, mesura, sobriedad y entrega a los desheredados de la vida digna.

A partir de ese punto es cuando se puede comenzar la segunda y gran etapa del camino hacia la humildad, que es obrar de acuerdo con nuestras debilidades y limitaciones. Escribió Gracián que "ser eminente en profesión humilde es ser grande en lo poco, es ser algo en nada". Y desde la grandeza en lo poco o desde el ser algo en nada, es desde donde el alma del humilde, aligerada de soberbia y equipada con amor, puede mitigar el dolor ajeno.

Obrar con humildad es ver en cada ser humano una persona digna que por el solo hecho de serlo –y aunque carezca de los bienes materiales más indispensables- merece atención y afecto. Es verdad que lo primero que demanda quien padece necesidades materiales son los bienes con que satisfacerlas. Pero eso, aun siendo mucho, tiene que ver poco con la humildad de la que hablo. Dar bienes solo requiere tenerlos y voluntad de desprenderse de ellos, y eso apunta a la virtud de la caridad. La humildad tiene que ver con la atención a las necesidades del alma. Por eso, esta virtud tiende a satisfacer a los que mendigan la dignidad propia de la condición humana.

La sociedad del tener y la apariencia en que vivimos no es un entorno propicio para el viaje hacia nuestro interior en la búsqueda de nuestras debilidades y limitaciones, y menos aún para la dura tarea de entregarnos a los demás partiendo de nuestra propia insignificancia. Y es que la engañosa recompensa que otorga la sociedad actual al que tiene y aparenta es una especie de señuelo que distrae al alma, impidiéndole reconocer la verdadera importancia de los valores del ser.

Por eso, la vida en el mundo de las cosas, de lo material, acaba siendo un completo sinsentido y no es extraño que se multipliquen las enfermedades del espíritu. Porque en esta enloquecida carrera por tener y aparentar, en la que se da más valor al brillo y al oropel de las cosas acumuladas que a la humildad del espíritu, apenas queda tiempo para dedicarlo a nosotros mismos y mucho menos aún a los demás.

No es extraño, pues, que la sociedad de la opulencia haya originado un nuevo egoísmo que consiste en negarse a compartir no los propios bienes, sino el tiempo –siempre falsamente escaso- en atender las necesidades de la dignidad espiritual los demás. Hay muchos pordioseros que más que bienes mendigan atenciones: a veces, simplemente, unos minutos para que los escuchen. Pero la mendicidad de tiempo es difícil de satisfacer porque la falta de humildad, nuestra natural soberbia, impide que bajemos a la sima donde están para atenderlos.

Cervantes escribió en el "Coloquio de los perros" que "La humildad es la base y fundamento de todas las virtudes y que sin ella no hay alguna que lo sea". Es una afirmación demasiado radical, pero puede que tenga razón. Por eso, convendría reflexionar sobre si no ha llegado el tiempo de iniciar el áspero camino hacia ella.

ABC, 16 de marzo de 2015

APRENDER DE OBSERVAR A LOS DEMÁS

La gran mayoría de nosotros ha presenciado alguna vez una metedura de pata grosera o una salida airosa de una situación muy complicada. En cualquiera de las dos situaciones, lo probable es que la mayor parte de los presentes las haya contemplado sin prestarles apenas atención, tomándolas simplemente como dos momentos anodinos más de los muchos que depara la vida.

Habrá unos pocos, sin embargo, que repararán calladamente en los comportamientos llamativos de los terceros, los analizarán con atención, y extraerán enseñanzas de lo que se debe evitar por ser equivocado o de lo que convendría imitar por ser todo un acierto. Porque una observación atenta de las conductas ajenas sirve para mejorar el modo en que debemos comportarnos.

La idea de aprender de observar a los demás no es nueva; han escrito sobre ella autores de indiscutida maestría. Así, en una de sus «Migajas Sentenciosas» escribió Quevedo «Felizmente fuera sabio el hombre, si con atención estudiase en los casos ajenos; pero, llevado del amor propio, se persuade que los prósperos le pueden suceder, pero no los adversos. ¡Qué fácilmente se satisface el ánimo de lo que agrada a los ojos! El primer juicio de las cosas se forma con el tribunal de la vista, y casi siempre confirma el entendimiento y aprueba la voluntad de la sentencia que se da en él, principalmente la multitud, porque más por los accidentes que por la sustancia juzga el pueblo las cosas».

Es muy difícil concentrar en tan pocas líneas una reflexión tan atinada sobre las pautas que debemos seguir para aprender del comportamiento ajeno. Al igual que Quevedo, pienso que nos volveríamos más sabios si completáramos nuestra instrucción mediante el examen detenido de lo que él llama «los casos ajenos». En las líneas que siguen, me permitiré la osadía de intentar actualizar sus recomendaciones, añadiendo –en el colmo del atrevimiento– mis ideas particulares sobre este modo tan poco utilizado para completar nuestros saberes.

La reflexión de nuestro «mago de la lengua castellana» (José Hierro dixit) se fundamenta en las cuatro aserciones siguientes. Lo primero que propone es que examinemos con atención lo que le sucede a otros. En segundo lugar, nos recomienda que no excluyamos ninguna hipótesis, tampoco las adversas. Seguidamente, nos avisa de que la vista no es el mejor de los sentidos para valorar las conductas ajenas. Y, finalmente, nos advierte de que al enjuiciar las conductas ajenas hay que dar más peso a la sustancia que a los accidentes.

«Examinar con atención» requiere, ante todo, determinar los sujetos de la acción. Como se trata de aprender de observar, a cada uno de nosotros le corresponde poner toda su atención en el comportamiento referencial ajeno. Y en cuanto al sujeto observado, es verdad que lo que más enseña es contemplar a otros, pero muchas veces recibimos una sabia enseñanza de lo bueno o malo que hacemos nosotros mismos. Por lo tanto, para aprender observando, si bien el objetivo esencial es fijarse en las conductas ajenas, no debemos prescindir de nuestras propias actuaciones.

Para aprender de los sucedidos ajenos, «no hay que excluir ninguna hipótesis». Se aprende mucho de las situaciones favorables, pero me atrevería a asegurar que todavía más de las adversas. Imitar las acciones ajenas que nos admiran y evitar las que nos causan rechazo, es el paradigma a seguir en la conformación de nuestro propio saber. Pero para mí tengo que en esto de aprender de la observación ajena lo de mayor provecho es tener en cuenta lo que nos avergüenza de otros para evitarlo.

Tal vez el punto en el que más insiste Quevedo es en que no nos dejemos engañar por el «sentido de la vista». Es verdad que el primer juicio que formamos de las cosas lo sentencia –como dice nuestro genial escritor– nuestro sentido de la vista. Pero me parece que la vista es hoy todavía más engañosa que entonces. Escribió Ortega y Gasset que «para contemplar son precisas frialdad y distancia entre nosotros y el objeto».

Ambas cosas son difíciles en nuestro tiempo. La globalidad que conforma el entorno del hombre actual y la aceleración vertiginosa en la que parece desarrollarse la vida moderna, han aumentado exageradamente los sujetos a observar y la rapidez con la que hemos de formar nuestro juicio. En la era audiovisual y de las nuevas tecnologías, pasan ante nosotros tantos comportamientos y se suceden unos a otros tan rápidamente que es difícil el simple hecho de fijar la atención visual en alguien. Y si somos nosotros mismos los que nos tomamos como ejemplo, las dos recomendaciones del filósofo, frialdad y distancia, son sencillamente imposibles: estamos complacidamente ensimismados y sumidos regocijadamente en nuestra propia intimidad.

Por si lo anterior no fuera poco, el sentido de la vista es engañado más que nunca por un señuelo moderno: el poder seductor de la cultura de la imagen. Hoy las cosas pasan más por lo que parecen que por lo que realmente son. Vivimos en un mundo, en cierto modo demoníaco, de incitaciones, tentaciones y trampas en el que lo aparente deslumbra y, por eso, corremos el riesgo de mirar para donde no debemos. Como dijo Antonio Machado en su Juan de Mairena hemos de perdonar al poeta, «atento a lo que vine y a lo que se va, que no vea casi nunca lo que pasa, las imágenes que le azotan los ojos y que nosotros quisiéramos coger con las manos». Por eso, actualmente es más fácil que nunca que el entendimiento confirme y la voluntad apruebe la sentencia borrosa y deformada que emite el engañado sentido de la vista. Ni que decir tiene que en estas circunstancias esperar del pueblo que sentencie más por la sustancia que por los accidentes resulta de todo punto improcedente.

Hoy es más conveniente que nunca aprender de observar a los demás, pero sin dejarse engañar por imágenes deformadas o por juegos de prestidigitación que hacen parecer real lo que es solo una ilusión. Se trata de afinar al máximo los sentidos, todos, y prestar a los comportamientos ajenos toda la atención posible para enriquecer sabiamente nuestro modo de ser.

ABC, 20 de octubre de 2014

LA VIDA Y LA EDAD LONGEVA

La vida y la edad están estrecha e ineludiblemente relacionadas. De entrada, porque el significado de la segunda está determinado por la función que cumple respecto a la primera: la edad no es sino el tiempo de vida de la persona, la medida exacta y constante de la duración de su existencia. Pero están vinculadas también porque caminan juntas e inseparablemente. Tienen un origen simultáneo: el nacimiento del ser humano, y continúan tan unidas como un cuerpo y su sombra hasta que llega la muerte, que también comparten de un modo inevitable: desde que esta acaece deja de haber vida y queda fijado definitivamente el tiempo que duró.

Sin embargo, la edad es algo más que el simple cómputo numérico del curso de la vida, es una circunstancia que llega a influir en la percepción que tenemos de nuestra propia existencia. Es verdad que durante una buena parte de nuestra vida apenas reparamos en que vamos cumpliendo años. En ese tiempo, la edad parece progresar muy lentamente y la que vamos teniendo casi siempre nos parece poca: no caemos en la cuenta de que van transcurriendo indefectiblemente las etapas de nuestra existencia. Y solo cuando es mucho lo vivido y poco lo que nos queda por vivir se nos hace presente la edad cumplida y tomamos una postura vital respecto al tiempo que nos resta. A esto último es a lo que deseo referirme realmente.

Las cuatro etapas de nuestra vida: la infancia-adolescencia, la juventud, la adultez y la senectud, transcurren sin solución de continuidad, porque el abandono de una coincide exactamente con el ingreso en la siguiente. Son, además, permanentes e inmutables, porque desde que existe el hombre siempre hay personas, aunque distintas cada vez, comprendidas en esas franjas de edad.

La infancia y la adolescencia representan la edad del crecimiento físico y de la escasa consciencia intelectual. La juventud, que empieza en la pubertad y se extiende hasta los comienzos de la edad adulta, es la época de la suficiencia vital. Estamos tan llenos de fuerza, de energía, que derrochamos vitalidad física y sentimental. La adultez, a la que se llega cuando el cuerpo alcanza su completo desarrollo, es la edad de la expansión, en la que maduran las cualidades que hemos ido cultivando y fructifican los esfuerzos desplegados hasta entonces. El último período de nuestra vida, la senectud, es la edad de las lamentaciones. En ella, uno empieza a quejarse de todo: de los achaques, de la insensatez de la juventud, de las ocasiones perdidas, del tiempo que se dejó pasar. Es la época en la que nos nutrimos intelectualmente de intransigencia.

El paso por cada una de estas etapas transforma imparablemente presente en pasado y, según la ley natural, cada vez es menos el tiempo que resta por vivir. Por eso, si bien se soporta más o menos bien el tránsito desde la infancia hasta la senectud, se sobrelleva bastante mal el tiempo que nos queda desde que se entra en esta etapa.

No tengo ninguna duda de que habrá lectores que piensen que han asumido la senectud con la misma actitud que las etapas anteriores de su vida. Pero creo también que hay otros, tal vez más, que la han recibido con rebeldía, con un elevado grado de inconformismo. Un breve repaso por la literatura –muestrario en papel de la vida– demuestra lo que digo.

Es a la rebeldía, por encima de todo, a la que hay que achacar las desfavorables valoraciones sobre la vejez que realiza García Márquez en su magistral novela «El amor en los tiempos del cólera» (tal vez habría sido más exacto «en los tiempos de la vejez»). Entre las frases que García Márquez dedica a esta etapa de la vida, me permito recordar: «Hay fisuras en la memoria»; se presentan «los signos inequívocos del óxido final»; «la vejez era un estado indecente que debía impedirse a tiempo»; «a esa edad ya está uno medio podrido en vida»; «tentaleando solo entre las tinieblas de la vejez»; «aprendían a no sentir los achaques a fuerza de convivir con ellos en el basurero de la vejez»; «para él fue el rincón más abrigado en la ensenada de la vejez»; «no se pusiera cerca de su aliento porque la vejez era contagiosa», o, finalmente, «el tiempo de la vejez no era un torrente horizontal, sino una cisterna desfondada por donde se desaguaba la memoria».

Junto a este inconformismo radical ante lo inevitable, hay quien se consuela ensalzando idealmente el pasado. En las conocidas «Coplas por la muerte de su padre» Jorge Manrique escribe «cómo, a nuestro parecer, cualquiera tiempo pasado fue mejor», y lo mismo sostiene Gracián cuando dice «en la boca del viejo todo lo bueno fue y todo lo malo es». Ambas no son sino apreciaciones excesivamente favorables del pasado realizadas por quienes o temen el futuro o añoran del pasado la edad que tenían entonces, o se van preparando mentalmente para aceptar de buen grado la llegada inevitable de la muerte. Porque no parece que pueda discutirse que la Humanidad ha progresado constantemente, lo cual sugiere que la presente mejora siempre el pasado. Finalmente, hay algún autor que evalúa la longevidad de manera objetiva, como el admirable Stefan Zweig, quien en su pieza «Cicerón», de su obra «Momentos estelares de la Humanidad. Catorce miniaturas históricas» escribe: «Alguien realmente sabio debe aprender que la verdadera dignidad de la vejez y de la vida es la resignación».

A mi modo de ver, cuando uno llega a la edad longeva, no tiene que rebelarse contra la vejez ni consolarse pensando que lo pasado fue mejor. Pero tampoco me parece que debamos limitarnos a aceptar pacientemente lo que nos deparen los años que nos queden.

Propongo, por el contrario, una resignación activa, esto es: disfrutar decididamente de todo lo bueno que nos vaya ofreciendo la vida hasta que nos llegue el final. Pero no, como dicen algunos, por sentirse joven (es una frase hueca), sino por conservar un espíritu abierto: hay que estar a favor del espectáculo de la vida impidiendo que el tiempo suture los poros del alma, para que podamos disfrutar intensamente de cada uno de los días del tiempo que nos reste.

ABC, *11 de mayo de 2015*

GENERACIONES "ENVENENADAS"

En su novela «Conversación en la catedral», Vargas Llosa hace que Santiago se pregunte «¿en qué momento se había jodido el Perú?». Por mi parte, llevo tiempo interrogándome sobre en qué momento «envenenamos» mentalmente a nuestros hijos o, por mejor decir, a partir de cuándo los inficionamos con malas doctrinas. Tal y como queda planteada, la pregunta supone tres aseveraciones: que fuimos nosotros los envenenadores, que hubo unas generaciones posteriores a las que hemos infectado y que las hemos corrompido con falsas creencias.

Teniendo en cuenta la contemporaneidad de las generaciones implicadas, la respuesta a las dos primeras preguntas solo puede encontrarse en el pasado más reciente. Lo cual me produce una cierta preocupación porque, como escribió Stefan Zweig en «Castelio contra Calvino», «siempre son los contemporáneos los que menos saben de su propia época. Los momentos más importantes escapan, sin que se den cuenta, a su atención, y los verdaderamente decisivos casi nunca encuentran en sus crónicas la debida consideración».

Por eso, para responder con el mayor rigor posible voy a seguir tres consejos que nos ha dejado Baltasar Gracián en su «Arte de la Prudencia». Es el primero proceder con «cautela al informarse» (80), porque se vive más de oídas que de lo que vemos, y «de ordinario la verdad se ve y excepcionalmente se oye». Reza el segundo que hay que «librarse de las necedades comunes» (209), ya que «gozan de prestigio por estar muy extendidas», añadiendo que «algunos vencen la propia necedad pero no saben escapar de la común». Y el tercero consiste en «ser claro» (216) porque sin claridad «los hijos del alma (decisiones e ideas) no salen a la luz».

Aunque siempre presenta una gran dificultad hacer delimitaciones generacionales, para la finalidad que persigo basta con señalar que entre las «envenenadoras» incluyo a mi generación y sus coetáneas, y entre las «inficionadas» todas las posteriores hasta la actualidad, por entender que persisten en ellas los efectos del envenenamiento. Admito de entrada que habrá muchos que se sientan indebidamente incluidos en unas o en las otras e incluso quien sea reacio a imputaciones tan generales, pero antes de que alguien se autoexcluya me gustaría que siguiera leyendo hasta el final.

Y es que la cuestión esencial de la presente reflexión es determinar cuál ha sido el veneno que les hemos inoculado a nuestros hijos. Son varias las ponzoñas, pero creo no equivocarme demasiado si digo que veo dos que sobresalen sobre las demás: una en el ámbito familiar y la otra en el político-social.

En el entorno familiar, el tóxico es que no supimos educarlos correctamente. Y que quede bien claro desde el principio que me refiero a «educar» en el sentido de desarrollar o perfeccionar las facultades intelectuales y morales del niño o del joven por medio de preceptos, ejercicios, ejemplos, etc. Y no a «instruir», esto es, «enseñar, comunicar sistemáticamente ideas y conocimientos».

Gibran Khalil Gibran escribió en «El Profeta», refiriéndose a los padres: «Sois los arcos con los que vuestros niños, cual flechas vivas, son lanzados». Seguidamente, sugiere que es el Arquero, y no los padres, quien fija el blanco y que el gozo de los padres-arcos debe ser la tensión que nos causa el Arquero con su mano.

Hace algunos años era menos discutible la idea de Kahlil, ya que estaba más extendida la creencia en la decisiva intervención del Arquero en el destino de nuestras vidas y las de nuestros hijos. Hoy se tiende más a indagar sobre nuestra propia responsabilidad en lo que nos sucede que a traspasársela sin más a un tercero «todopoderoso». Por eso, se puede decir que los padres, más que el arco, hemos sido los arqueros, y que nos correspondió tensarlo, fijar el blanco, apuntar y lanzar las flechas; o, dicho de otro modo, educar a nuestros hijos.

Pues bien, al igual que a los de otras generaciones, a los arqueros de la mía tampoco nos enseñaron a educar, porque eso es algo en lo que nunca se ha podido instruir a nadie. Por ello, educamos según somos; y somos fruto de nosotros mismos y de nuestra circunstancia, configurada básicamente por el ejemplo, tanto positivo como negativo, que hemos recibido de todos los que nos rodeaban y por las corrientes de la época en la que nos ha tocado vivir.

Cada generación suele situar en el centro de sus anhelos aquello que más echa en falta. Creo que la mía –al menos en lo que yo observé– buscaba ansiosamente la libertad democrática. Y mientras trataba de alcanzarla, se fue consolidando, en lo material, el incipiente bienestar originado

por las generaciones anteriores. En mi generación conflu-
yeron, pues, la sociedad de consumo –que se iniciaba– y la
entronización de aquella libertad.

En la combinación de ambas, está, tal vez, una explicación de la errónea educación que hemos dado a nuestros
hijos. En efecto, en el aspecto material, nos dedicamos a
incrementar, pero también a consumir, los medios económicos que íbamos teniendo a nuestro alcance. Pero no lo
hicimos de un modo egoísta excluyendo a nuestros hijos.
Probablemente porque nuestra conciencia no nos permitía otra cosa, los hicimos participar intensamente de ese
bienestar. «Consumimos», pues, conjuntamente nosotros
y ellos, sin darnos cuenta de que también había que ense-
ñarles que las cosas se consiguen con esfuerzo.

En el plano de las ideas, tratamos de educarlos en
los valores democráticos de la libertad y la igualdad.
Desechamos el modelo anterior de la educación autori-
taria y situamos a nuestros hijos en un entorno de auto-
rresponsabilidad. Y claro, en este ambiente es mucho más
difícil saber lo que ha de hacerse en cada momento. Por
lo cual, en cierto modo, somos también los causantes de
las inseguridades que pudieron padecer y del desconcierto
que les supuso educarse sin sentir los férreos, pero impres-
cindibles, cauces de la autoridad.

Si del plano familiar pasamos al político-social, la falsa creencia que les inoculamos fue que la Constitución
instauró un Estado repleto de «derechos» sin apenas obli-
gaciones. Y es que basta ojear nuestra Constitución para
advertir de inmediato el impresionante inventario de derechos y libertades que se reconocen a los ciudadanos en
contraste con el consiguiente –aunque bastante más redu-

cido– de sus deberes. Pero entiéndaseme bien: el problema no está en los derechos y libertades acertadamente reconocidos por nuestra Carta Magna, sino en el modo erróneo en que las generaciones que veníamos del régimen anterior les transmitimos el alcance de los mismos.

Cada generación tiene que enfrentarse con los problemas de su tiempo. Nuestros padres soportaron una guerra civil, reconstruyeron España y padecieron una pobreza extrema. Nosotros lo tuvimos más fácil: hicimos la Transición y contribuimos decisivamente a implementar el Estado del bienestar. ¿Y las actuales? Quizás el hecho de haberlas mimado tanto –«envenenarlas» con todo cariño– ha contribuido a que hayan sabido resistir tan malamente la reciente crisis económica, surgiendo incluso entre ellas movimientos que han reaccionado con una ira inusitada contra el actual sistema democrático. ¿No es este un caso claro de cómo el «veneno» del que hablo ha debilitado a nuestros hijos para afrontar con fortaleza los problemas de su tiempo?

ABC, 9 de octubre de 2015

LA PRESUNCIÓN DE INOCENCIA EN POLÍTICA

Como es sabido, nuestra Constitución ha elevado la presunción de inocencia al rango de derecho fundamental de la persona. Esta presunción consiste, básicamente, en que, el juzgador, para condenar a alguien, ha de tener plena certeza sobre su culpabilidad, que habrá de obtenerla a través de la valoración de la prueba que haya llegado al proceso con las debidas garantías.

Aunque esta presunción fue concebida básicamente para el proceso penal, el Tribunal Constitucional ha extendido sus efectos a todos aquellos supuestos en los que se sanciona una conducta tipificada como infracción de una norma del ordenamiento jurídico. Más aún: dicho Tribunal considera –y esto es lo que ahora me interesa destacar– que la presunción de inocencia juega también en las situaciones extraprocesales, dando derecho, en este ámbito, a «recibir la consideración y el trato de no autor o no partícipe en los hechos» sancionables y, por tanto, a no soportar las consecuencias o los efectos jurídicos que se anudarían a una prematura imputación de culpabilidad.

Pues bien, acaba de publicarse la Directiva (UE) 2016/343 del Parlamento Europeo y del Consejo, de 9 de marzo de 2016, por la que se refuerzan en el proceso penal determinados aspecto de la presunción de inocencia y el derecho a estar presente en el juicio. La finalidad de esta Directiva es reforzar en el proceso penal el derecho a un juicio justo, estableciendo unas normas mínimas comunes relativas a determinados aspectos de la presunción de inocencia y –cosa que aquí no interesa– al derecho a estar presente en el juicio.

La Directiva es aplicable a las personas físicas que sean sospechosas o hayan sido acusadas en un proceso penal, y su efectividad arranca desde el momento en que una persona sea sospechosa o esté acusada de haber cometido una infracción penal. Se retrotrae, por tanto, la eficacia de la Directiva incluso hasta el momento anterior en que las autoridades competentes de los Estados miembros hayan comunicado a esa persona, mediante notificación oficial u otra vía, su condición de sospechosa, acusada, o, según nuestra nueva terminología, «investigada».

En síntesis, la nueva normativa europea establece que mientras no se haya probado la culpabilidad de un sospechoso las declaraciones públicas efectuadas por las autoridades pertinentes que no sean las de condena no deberán referirse a esa persona como culpable. Entre las autoridades a las que afecta la normativa figuran las judiciales, la policía y otras autoridades con funciones policiales, así como otras autoridades públicas como los ministros. La Directiva establece también que los Estados miembros adoptarán las medidas necesarias para garantizar que los sospechosos no sean presentados como culpables ante el público, mediante el uso de coerción física, como esposas o grilletes.

En general y siempre que lo refiramos a los ciudadanos particulares se puede afirmar que nuestro ordenamiento jurídico es muy garantista y que viene cumpliendo suficientemente las normas mínimas que impone la Directiva 2016/343. En efecto, cuando un ciudadano corriente es acusado de una conducta jurídicamente sancionable, el ámbito privado en el que discurre su vida le permite por lo general disfrutar plenamente de dicha presunción. Lo cual significa que, además de tener garantizada la presunción de inocencia en el ámbito judicial, suele recibir en la vida diaria, mientras dure el proceso, la consideración y el trato de no autor de los hechos que se le imputan, por lo que no sufre las consecuencias de ser considerado responsable.

Las cosas son menos claras cuando el sujeto implicado es un político. Es indiscutible que el político tiene garantizada la presunción de inocencia en el ámbito judicial. Pero la realidad demuestra que, en el ámbito extraprocesal, no se beneficia plenamente de dicha presunción, ya que, en ocasiones, lejos de recibir el trato de no autor de los hechos que se le imputan, soporta en muchas ocasiones las consecuencias de un prejuicio de culpabilidad. En efecto, en el ámbito de la política, no es exagerado afirmar que la presunción de inocencia parece haberse convertido en una presunción de culpabilidad, en el sentido de que el político es sospechoso hasta que demuestre su inocencia. En esta especie de conversión de la presunción de inocencia en presunción de culpabilidad que afecta a los políticos han jugado un papel relevante los medios de comunicación social que han sido proclives, en función de sus propias líneas de pensamiento, a manejar «políticamente» informaciones no ya de autoridades judiciales, sino de autoridades con funciones policiales.

Y por aquí llegamos al punto central de la cuestión que es saber si es aplicable o no en política la presunción de inocencia. Y es que, a la vista de los intereses que representan los políticos, hay quien propugna separar cuidadosamente la responsabilidad política de la jurídica y aclarar de qué manera juega la presunción de inocencia en el ámbito de la responsabilidad política. En efecto, como es sabido, los políticos representan siempre los intereses generales de los ciudadanos y no los suyos propios, razón por la que pueden incurrir en su actuación, además de en responsabilidad jurídica, en responsabilidad política. La responsabilidad política es consecuencia de un juicio político o de oportunidad; su exigencia deriva de una discrepancia política sobre un determinado objetivo, sobre los medios utilizados para ello o sobre la propia capacidad del sujeto para alcanzarlo y, cuando existe, supone una pérdida de confianza por parte del electorado o de sus representados que debe desembocar en el abandono del cargo.

Cuando la conducta de un determinado político muestra indicios racionales de culpabilidad, hay quien sostiene que en tal caso debe asumir, no sólo su posible responsabilidad jurídica penal o administrativa, sino también su responsabilidad política, dimitiendo inmediatamente de su cargo, porque está en entredicho nada más y nada menos que su confianza. Frente a esta postura, está la de quienes defienden que el político está amparado por la presunción de inocencia, por lo que si dimite de su cargo sin haber sido condenado en el ámbito jurídico, está aceptando implícitamente su culpabilidad.

Pues bien, aunque jurídicamente está bien fundamentada la postura de los que propugnan la aplicación de la presunción de inocencia a la actividad política, soy de la opinión de que cuando se manejan los intereses generales de los ciudadanos la ética y la ejemplaridad deben anteponerse a lo estrictamente jurídico. Y es que nadie sabe mejor que el político implicado si ha bordeado la ley y hasta qué punto lo ha hecho. Por eso, en los casos en los que su declaración de culpabilidad es solo cuestión de tiempo debería dimitir y ahorrarle a los ciudadanos y a su partido el espectáculo de su comparecencia ante los tribunales.

Ahora bien, si lo que propugnamos es la dimisión inmediata del simple «investigado», hay que hacer un llamamiento a la responsabilidad de todos los implicados, aprovechando tal vez la publicación de la Directiva 2016/343. En efecto, es con respecto a los políticos investigados a los que se obliga a dimitir cuando las declaraciones públicas de las autoridades (incluidas las policiales) –y por el mismo motivo las de los medios de comunicación democráticos y responsables– deben respetar escrupulosamente la previsión de la citada Directiva 2016/343 de no presentarlos como culpables, ni siquiera mediáticamente, mientras no recaiga sobre ellos una declaración de condena. A la medida ética de exigirles la dimisión inmediata hay que responder con la medida jurídica de que las autoridades públicas –y yo añadiría los medios de comunicación– no se refieran a ellos en esa fase procesal como culpables.

ABC, 21 de marzo de 2016

UN TSUNAMI DE HOMOGENEIDAD

El diccionario de la RAE define «tsunami» como una «ola gigantesca producida por un maremoto o una erupción volcánica en el fondo del mar». Pues bien, voy a tomarme la licencia literaria de emplear esta expresión para describir la ola gigantesca de homogeneidad que está ahogando nuestra originaria singularidad. La causa de este preocupante fenómeno social es la escasa resistencia que oponemos a las sucesivas operaciones de imposición de un pensamiento dominante, que tiende, cada vez más, a convertirse en único.

Aunque pueda parecer que me alejo demasiado, retrocedo a mi infancia, porque es allí donde descubro ahora una reacción a favor de la autenticidad del propio pensamiento. Seguramente, muchos de ustedes recordarán la expresión «respeto humano», que yo oía con mucha frecuencia en el colegio. Al rememorar aquellos años, evoco a nuestros educadores censurando, una y otra vez, la forma de proceder, por acción u omisión, en la que, en lugar de guiarnos por lo que nos dictaba la conciencia, nos dejábamos llevar por la preocupación de cómo reaccionarían nuestros compañeros. El respeto humano era una actitud reprensible –aunque en aquel entonces se circunscribía a la esfera religiosa–, en la medida en que nos alejaba de la autenticidad de nuestro propio pensamiento, rectamente formado por la conciencia, y nos convertía en uno más de los débiles que cedían a la adulterada opinión dominante.

Andando los años, en la etapa universitaria, los de mi generación, al menos en lo que yo viví, sentíamos un apetito ardiente de libertad, que se proyectaba en una triple dirección: libertad de pensamiento, de expresión y de acción. Es verdad que la libertad que ansiábamos era más de índole política que de otra naturaleza. Pero no lo es menos que la uniformidad política de entonces se traducía en un modo de vida que estaba bastante alejado de las anheladas libertades democráticas.

En aquellos maravillosos años, el pensamiento era bastante heterogéneo porque la información se obtenía principalmente a través de los medios escritos, la literatura y la prensa, y aunque existía cierto dirigismo en el pensamiento político, se conservaba cierto margen de individualidad: la formación personal de cada uno le permitía tamizar y singularizar los mensajes políticamente uniformadores que transmitían mayoritariamente los medios oficiales de entonces.

Pronto apareció la cultura de la imagen que, si bien por el incipiente desarrollo de la tecnología de entonces llegó a cuentagotas, acabó contribuyendo significativamente al fenómeno homogeneizador del pensamiento. A las jóvenes generaciones de aquellos años las fueron acostumbrando a recibir, pasiva y acríticamente, los contenidos audiovisuales que predisponían interesadamente los medios oficiales. El homogeneizado alimento cultural lo recibíamos, pero a los que más afectó fue a los jóvenes. Estos, influidos en exceso por el nuevo modelo de vida que mostraban los contenidos televisivos (el modelo era en su mayor parte el norteamericano), no tardaron en hablar de la misma manera, gritando casi todos al hablar y expresándose con exagerada e irrespetuosa violencia verbal hacia sus mayores.

La cultura de la imagen no tardó en afectar incluso al hecho mismo de jugar. La infancia que comenzó a convivir con la televisión se olvidó de aprender a jugar al modo de las generaciones anteriores, porque no lo necesitaba. La magia de la televisión conseguía que los púberes pasaran embobados horas y horas delante del televisor sin necesidad de tomar parte en ningún otro divertimento. Y, por si esto fuera poco, incluso los juguetes empezaron a construirse más para ver lo que hacían que para ser manejados manualmente: les daban cuerda, y hacían tantas cosas, reír, llorar, comer, hablar, que apenas dejaban margen para la imaginación.

La televisión única no tardó en dejar paso a nuevas emisoras que, si bien hicieron que los mensajes fueran más plurales, ahondaron nuestra adicción por ese medio informativo. A partir de entonces, el hombre se convirtió básicamente en telespectador y su principal fuente de información son los mensajes que elabora y comunica un empresario, público o privado, que nunca es neutral.

Uno de los efectos relevantes que produjo la aparición de estos nuevos y potentes medios de información audiovisuales es que hubo una sustitución en el sujeto homogeneizador que alojábamos en nuestro propio yo. Persistía la tendencia a dejar de ser nosotros mismos y cambiar nuestro yo por otro, pero con significativas modificaciones. Así, el respeto humano nos hizo sustituir los insobornables dictados de nuestra conciencia por lo que creíamos que pensarían los pocos «demás» con los que convivíamos en nuestra etapa escolar. En los primeros momentos de la televisión, los que ya teníamos cierta edad combinábamos la cultura de la imaginación con la de la imagen, y eran los más jóvenes los que se dejaban seducir directamente por la comodísima cultura audiovisual. En los momentos actuales, aunque la oferta televisiva es mucho más amplia, el «yo televisivo» que desplaza y sustituye a nuestro «yo más íntimo y auténtico» es más uniforme y está más generalizado que nunca.

Pues bien, si la ola de uniformidad en la que estábamos tenía ya proporciones considerables, las nuevas tecnologías al poner a nuestra disposición las redes sociales han generado el asfixiante tsunami del que hablo. En efecto, la intercomunicación que posibilita internet entre el creador de los contenidos y el público desconocido de los destinatarios ha dado lugar a una especie de «diálogo» en la red, que está rematando definitivamente el trabajo de uniformización del pensamiento. No critico en absoluto las redes sociales: estas son un medio transportador y difusor de información como en su día lo fue la imprenta. Lo que sostengo es que este medio está siendo utilizado también para generar una especie de moderno «respeto humano» en la red.

Obsérvese que, con anterioridad, la labor informativa, que era una especie de monólogo que los destinatarios de la información recibían pasivamente, se opone ahora un «diálogo digital», en el cual el que elabora y difunde su pensamiento, si se separa un ápice del pensamiento dominante, es rápidamente respondido por una verdadera legión de *rednautas*, por lo general insuficientemente identificados, que más que debatir con razones recurren al insulto.

Así las cosas, cada vez resulta más opresiva la imposición que se realiza en la red a favor de una única y determinada manera de pensar que está pulcramente empaquetada bajo el rótulo de lo «políticamente correcto». Expresión ésta sobre cuyo significado no debo extenderme porque todo el mundo la entiende. El fenómeno es tan preocupante que deberíamos preguntarnos si no se está sacrificando al hombre singular en beneficio de la masa de prosaicos mediocres de pensamiento homogeneizado.

ABC, 24 de julio de 2016

¿HAY QUE REFORMAR LA CONSTITUCIÓN?

En los tiempos que corren, en los que los debates nacen con una opinión artificialmente dominante por venir reiteradamente afirmada sin excesivo soporte argumental (casi como si se tratara de repetir una consigna), no es fácil llegar libre de prejuicios al planteamiento mismo de la cuestión. Y esto es particularmente cierto con el tema de la reforma de la Constitución de 1978. Hay una corriente de opinión, muy extendida, que da por hecho que hay que reformar nuestra Carta Magna. Tiene clara, pues, la conclusión, pero guarda silencio sobre la finalidad (¿para qué?) y sobre el alcance (¿en qué puntos?). Por eso, afrontar este tema supone una tarea espinosa, ya que a la dificultad técnica del contenido ha de añadirse la posibilidad de tener que argumentar a contracorriente.

No creo que haya nadie que piense, sobre todo si pertenece al mundo del Derecho, que hay leyes tan perfectas que son capaces de estar perennemente en vigor sin ser modificadas. Y es que, por muy ajustadas que estuvieran a la realidad en el momento de su elaboración, el mero transcurso del tiempo y, sobre todo, el cambio incesante de aquella hace que más temprano o más tarde devengan obsoletas. Razón por la cual es consustancial con la ley el hecho mismo de su reforma.

Esto es algo que puede llegar a suceder, como no podía ser de otra forma, también con nuestra Constitución de 1978. Pero, al tratarse de nuestra Ley Fundamental, la prudencia aconseja, primero, examinar, valorar y apreciar debidamente si tiene que ser reformada, y, en caso afirmativo, lo que debería hacerse si se decidiera modificarla: qué puntos y con qué alcance deberían ser reformados para mejorarlos.

Con esto se quiere decir que el solo hecho de plantear un proceso de reforma constitucional exige a los políticos proponentes, al menos, las dos siguientes actuaciones: justificar la necesidad de la reforma y tener muy claro desde el principio cuál es el alcance de la misma.

Últimamente se oye mucho hablar de la reforma de la Constitución, lo cual no significa que por eso solo sea necesaria. Y es que el murmullo reformador se convierte en silencio, casi sepulcral, cuando se trata de argumentar para qué, en qué aspectos y con qué alcance.

Frente a este runrún reformador, hay voces que propugnan dejar el texto constitucional como está, porque nos ha permitido disfrutar del mayor período de paz y prosperidad en los últimos doscientos años, y porque se piensa que será muy difícil conseguir el mismo consenso que hubo entre las formaciones constituyentes durante su elaboración.

Hasta ahora, el partido en el Gobierno manifestaba públicamente que no veía la necesidad de la reforma constitucional, pero en los últimos días se oyen voces, desde el propio PP, que hablan de abrir ese melón. El diario El Norte de Castilla ha publicado recientemente: «El PSOE pide en el Congreso una subcomisión para estudiar la reforma constitucional», e informa de que Ciudadanos y Podemos también exigen al Gobierno que abra el debate sobre una modificación de la Carta Magna «que aborde el modelo territorial». Esta iniciativa de la oposición ha sido respondida por el secretario general del Grupo Parlamentario del PP en el sentido de que dicha subcomisión «no es oportuna porque no se puede abrir una puerta sin saber antes cómo se va a cerrar».

Recuerdo que al poco de tiempo de llegar Mariano Rajoy a la presidencia del Gobierno, a la vista de la profunda crisis que sufría nuestra economía, la generalidad de los opinantes pedían una y otra vez que España pidiera el rescate. Y me viene a la memoria también que nuestro presidente respondía con una lógica aplastante que mientras no supiera qué comportaba el rescate no podía valorar si convenía o no solicitarlo. Todos sabemos que no lo pidió y que gracias a eso hemos salido de la crisis sin el sufrimiento añadido que habría generado demandar la intervención de los temidos «hombres de negro».

Supongo que quienes propugnan la reforma habrán considerado que es absolutamente necesaria, y deseo creer también que tendrán asimismo bien estudiado el alcance de la misma. Entre otras razones, porque nos jugamos mucho, ya que cualquier proceso de reforma de una Carta Magna suele dejar un elevado número de insatisfechos y venimos de tiempos en los que la clase política tradicional ya ha sufrido una seria contestación por una parte importante del pueblo.

Para mí, suponiendo que esté justificado afrontar la espinosa tarea de tocar la Constitución –cosa que no comparto, aunque estoy dispuesto a que me convenzan de su necesidad y de la bondad de su alcance–, la primera cuestión sobre la que conviene ponerse de acuerdo es si se procede a un simple «retoque» del texto vigente o se pretende ir más allá y «reformarla» con cierta profundidad.

Lo primero no sería demasiado complicado si se pretendiera únicamente eliminar la preferencia del varón sobre la mujer en la sucesión a la Corona y convertir el Senado en una Cámara de representación territorial. Pero estas dos modificaciones, siendo del todo razonables, no parecen, sin embargo, de tanta urgencia como para no aplazar a mejores momentos abrir el problema de la reforma.

Lo segundo, esto es, reformar con cierta profundidad nuestra ley de leyes, podría, en cambio, enzarzarnos en discusiones en las que sería difícil, por no decir imposible, ponernos de acuerdo. Me refiero a cuestiones como cambiar la forma de Estado o modificar el sistema de distribución territorial del poder, ya sea, según pretenden algunos, para corregir la excesiva descentralización y recuperar competencia para el Estado, ya sea para lo contrario, que sería convertir el Estado de las Autonomías en un Estado Federal.

No ignoro que para justificar la conveniencia de la reforma hay quienes aducen que la población actual de España está compuesta por muchas personas que no votaron la Constitución de 1978. Y hasta puede haber quien piense que una reforma exitosa de la Constitución manteniendo la actual forma de Estado podría suponer un renovado respaldo a la Corona.

Pero ambos argumentos no me parecen suficientes para proceder a enfrentarnos con tan complejo problema. Las leyes, mientras sigan siendo útiles y resuelvan satisfactoriamente los problemas de la ciudadanía en el tiempo en que son aplicadas, no tienen por qué ser modificadas por el solo hecho de que las hayan aprobado los representantes de ciudadanos de otro tiempo. Y en cuanto a lo de la Corona, tengo para mí que nuestro joven Rey se está ganando día a día el respeto, la admiración y el cariño de la gran mayoría del pueblo. Lo cual asegura más la pervivencia de la institución que el hipotético referéndum de aprobación del reformado texto constitucional.

Por lo que antecede, no dejo de preguntarme si no tenemos suficientes problemas reales que necesitan urgente solución como para plantearnos el de la reforma de la Constitución que interesa tan poco al pueblo.

ABC, 8 de diciembre de 2016

CATALANISMO, NACIONALISMO Y SECESIONISMO

En nuestro panorama nacional emergen periódicamente y con desigual intensidad dos aspiraciones políticas de Cataluña: el nacionalismo y el secesionismo, que partiendo de un tronco común, el catalanismo, persiguen finalidades claramente diferenciadas.

El tronco común o "catalanismo" supone, en lo emocional, el amor y apego por todo lo catalán y se traduce no solo en el legítimo orgullo de pertenecer a ese pueblo, sino también en la exacerbación de un sentimiento de superioridad que suscita el falso dilema de tener que elegir entre sentirse catalán o español.

El "nacionalismo" supone convertir el catalanismo en la aspiración política, aparentemente legítima e injustamente preterida, de obtener un tratamiento singular y privilegiado del Estado español, frente al cual Cataluña se afirmaría como una entidad política, social y económica, distinta y diferenciable de las demás. En el plano político-económico, el nacionalismo catalán reivindica para Cataluña una posición privilegiada frente a las otras autonomías no solo en el nivel de autogobierno, sino también en el de la financiación.

Finalmente, el secesionismo catalán parte del hecho de que Cataluña es una nación sin Estado y considera que ha llegado el momento de separarse de España para constituirse como una república independiente.

Nada hay que decir sobre la circunstancia sentimental de sentirse catalán y amar profundamente a Cataluña. En el plano de los sentimientos y emociones, cada uno se siente cómo y de dónde quiera, aunque lo relevante es si el sentimiento catalanista es en sí mismo un argumento suficiente para persuadir a los demás españoles de que deben consentir que Cataluña sea una entidad política, social y económica, distinta y privilegiada.

Y es que en el plano de los sentimientos parece que podrá avanzarse muy poco, porque hasta ahora nadie ha sido capaz de mostrar un ranking fiable que clasifique jerárquicamente por orden de mejor a peor los distintos sentimientos territoriales de los habitantes de España.

Si pasamos al nacionalismo catalán, el primer obstáculo que surge es determinar cuál es el sujeto portador de la posición privilegiada que se reclama: ¿Cataluña como entidad política?, ¿el territorio catalán?, o ¿el conjunto de habitantes que viven allí? La cuestión se suscita porque estas tres realidades son difíciles de separar, toda vez que la entidad política Cataluña está formada por todos los ciudadanos que habitan duraderamente en su territorio.

Y es entonces cuando comienzan a hacerse más evidentes las dudas. Por reseñar solo algunas: si lo determinante son las personas más que el lugar en que viven ¿qué sujetos son los portadores de esa supuesta diferencia merecedora del trato privilegiado? ¿Todos los que están censados allí actualmente, incluidos los que proceden de otras regiones? O ¿solo los de rancia estirpe catalana? Si son estos últimos ¿hasta cuántas generaciones hay que remontarse?

Y qué sucede si alguno de ellos se traslada a vivir fuera de Cataluña ¿se lleva a cuestas el trato privilegiado a su nuevo lugar de residencia? Por último, ¿cuál es la razón para excluir a los que habitan hoy allí y no descienden de ellos? Demasiadas preguntas y difícil de justificar la respuesta que se elija.

La razón es que Cataluña, como todos los territorios de España, y en especial su pueblo, es tierra de mestizaje cultural, de entrecruzamiento de mujeres y hombres de muy variadas procedencias que, precisamente por su diversidad, han hecho posible una sociedad en la que anidan y florecen ricos el pensamiento, la ciencia y el arte, tanto más fecundos cuanto más abierta y receptiva ha sido con las aportaciones foráneas el país catalán. En prueba de ello, valga, por su valor paradigmático, evocar la asunción como propia de la trayectoria vital del malagueño-catalán-francés Pablo Ruiz Picasso.

Es posible que se diga que el merecimiento es histórico y viene desde antiguo. Pero por mucho que se busque en la Historia de España no hay un acontecimiento protagonizado por catalanes que haya hecho merecedores a sus descendientes, por los siglos de los siglos, de un trato privilegiado frente al resto de los españoles.

La nación más antigua de Europa, España, fue creada por la unión de las Coronas de Castilla y Aragón (de la cual, entre otros territorios, formaba parte Cataluña), y dio origen hace ya más de cinco siglos a una Monarquía hispánica, cuya unidad se ha fundamentado en una larga e intensa participación colectiva en grandes empresas históricas de proyección universal, en la defensa compartida del suelo y de la independencia de España frente a invasiones de ejércitos extranjeros. Pero se basa, sobre todo, en la realidad humana de fuertes corrientes migratorias internas de los habitantes de la península ibérica y en la utilización por todos de una lengua común que, lejos de emplearse como vehículo de sumisión a un poder centralista que quisiera destruir la variedad de los pueblos españoles, sirve de cauce de entendimiento y diálogo, que es para lo que valen las lenguas de los hombres.

En cuanto al secesionismo catalán, estamos pasando por un momento en el que se ha exacerbado notablemente, cosa que se debe al parecer a la supuesta afrenta que supuso para Cataluña que el Tribunal Constitucional eliminara del nuevo Estatut las normas inconstitucionales que contenía.

Desde entonces hasta hoy, con un protagonismo creciente de Esquerra Republicana, la ayuda "suicida" de la menguante y antigua Convergencia (la cual hasta ha tenido que cambiar de nombre y hoy es el Partido Demócrata Europeo Catalán, PDeCAT) y la de ciertos partidos independentistas de origen antisistema, los secesionistas catalanes están defendiendo dolosamente la fantasiosa tesis de que han recibido un mandato del pueblo de Cataluña para desconectar a Cataluña del Estado español por la vía –incruenta pero claramente anticonstitucional– de la "rebelión jurídica" (leyes catalanas sobre materias del Estado y desobediencia al Tribunal Constitucional).

Los secesionistas, que son perfectamente conocedores de los límites de nuestra Constitución, entienden que la única salida airosa que les queda es seguir provocando al gobierno central para ver si logran que inicie la vía del artículo 155 de la Constitución y suspenda la autonomía de Cataluña. Consideran que entonces salvarían su pellejo político en Cataluña y que aumentaría el número de los catalanes que se apuntarían a la secesión. Al gobierno central le corresponde adoptar las medidas que considere más oportunas para evitar la anunciada "desconexión" unilateral. Hay que desearle el mayor de los aciertos.

ABC, 6 de febrero de 2017

¿ENVIDIOSOS O TAMBIÉN RESENTIDOS?

Miguel de Unamuno afirmó «La envidia ... es la íntima gangrena del alma española». Rafael Sánchez Ferlosio sostuvo, en cambio, que la envidia es solo una fantasía de los envidiados, cuya enfermedad consiste precisamente en ver envidiosos por todas partes.

Creo que tiene razón Unamuno e incluso me atrevo a añadir que el pecado nacional de nuestros días tiene una nueva configuración ya que está compuesto no solo de envidia, sino también de resentimiento.

La palabra «envidia» significa, según el diccionario de la RAE, «tristeza o pesar del bien ajeno» y «emulación, deseo de algo que no se posee». En ambos supuestos, en el sentimiento del envidioso hay una referencia a lo ajeno: ese bien de otro que causa tristeza o pesar al envidioso, o ese algo de alguien que el envidioso desea intensamente imitar o superar.

Es evidente que no son pocos los que sienten envidia, pero creo que, además de aquejarnos un exceso de tristeza por el triunfo ajeno o –aunque en mucha menor medida– desasosegarnos el deseo de emular con intensidad a los mejores de los nuestros, nos invade otro sentimiento que no tiene un punto de referencia en lo ajeno, sino que es algo interno y que solo reside en el que lo padece.

Hablo del resentimiento, esto es, «tener sentimiento de pesar o enojo por algo». Y es que desde hace poco tiempo nos hemos convertido en un país poblado no solo de envidiosos, sino también de enojados. Hoy más que nunca se escucha el griterío ensordecedor de numerosos «malpulgosos» (expresión de Felipe Benítez Reyes).

Hace un par de años el periodista Jorge Ramos de Univisión se preguntaba por qué razón estaban tan enojados los españoles y concluía que teníamos motivos para estarlo, que la lista de estos era larga, y que la crisis económica era la causa principal de nuestro malhumor. Discrepo de que estemos ante un sentimiento pasajero que obedezca a motivos externos. Pienso, por el contrario, que se trata de un vicio radicado en una parte importante de la población y que tiene que ver más con una manera personal de andar por la vida que con la respuesta a estímulos exteriores ocasionales, como la crisis.

Seguramente ustedes habrán oído a todos los que hablan de sí mismos atribuirse con frecuencia una determinada forma de ser que, por supuesto, siempre es favorable. Me refiero a esos que afirman «porque yo soy...» (y aquí pongan todos los adjetivos elogiosos y laudatorios que se les ocurran). Es verdad que a veces llegamos a admitir expresamente algún defecto. Pero la enorme indulgencia que tenemos con nosotros mismos solo nos permite reconocer los más veniales.

Sin embargo, no somos enteramente como creemos y decimos. Somos también –y no en pequeña parte– como nos ven los demás. Porque estamos constantemente expuestos en el escaparate de la vida y los que nos ven con frecuencia se van formando indefectiblemente su propio juicio sobre nuestra forma de ser. Podremos engañar durante algún tiempo a algunos, pero la convivencia prolongada hace que acabemos mostrándonos como realmente somos.

Pues bien, hay muchos que tratan de encubrir que también padecen la grave enfermedad del resentimiento. No es fácil descubrirlos, porque, como decía el doctor Marañón, son hipócritas y suelen revestirse de una especie de falsa virtud, que engaña a los distraídos. En el capítulo II de su libro sobre el emperador Tiberio –al parecer, un gran resentido–, el doctor Marañón describió con gran maestría los rasgos más llamativos de tan compleja forma de ser, a los que me he permitido añadir algún otro de mi propia cosecha.

Al contrario que Unamuno, que califica el resentimiento como «pecado capital» –de mayor gravedad incluso que la ira y la soberbia– Marañón lo considera como una pasión, es decir, una perturbación o afecto desordenado del ánimo. Añade este ilustre humanista que, aunque el resentimiento es fruto de una agresión, sólo anida en las almas propicias. Porque la agresión que en la mayoría causa un simple sufrimiento pasajero que se olvida, en los resentidos se enquista, permanece para siempre en el alma y acaba siendo la que rige toda su conducta.

Los resentidos son personas sin generosidad y reaccionan por lo general contra el destino. No sólo son incapaces de agradecer lo que se hace por ellos, sino que acaban por transformar los favores que reciben en combustible de su resentimiento. Suelen rondar en torno a los poderosos, los cuales engendran en ellos un sentimiento contradictorio: se sienten, al mismo tiempo, atraídos e irritados por el poderoso. Por eso, el doctor Marañón advierte a los poderosos que «crece a su sombra, y mil veces más peligroso que la envidia, el resentimiento de los que viven de su favor».

Otra característica del resentido es la desarmonía que existe entre su capacidad real para triunfar y la que él se atribuye. Ésta y no otra es la razón por la que su fracaso es siempre fruto del destino o culpa de los demás, nunca de ellos mismos; y el triunfo, lejos de curarlos, los empeora, ya que los reafirma en la justificación de su resentimiento.

Aunque algunos de los resentidos pretenden ocultarlo, están transidos de una indefinible acritud que asoma con toda nitidez en su mirada, que se hace huidiza y no suele encontrase con la de su interlocutor. Tampoco suelen estrechar la mano con la energía que nace de la nobleza. Otra consecuencia de su habitual hipocresía es su afición a los anónimos, que son escritos, según diagnostica el doctor Marañón, no por el odio, el espíritu de venganza o la envidia, sino por la mano cobarde del resentimiento. Pero lo más grave del resentimiento es que no tiene cura, porque su única medicina es la generosidad. Y esta nobilísima pasión, como dice el maestro Marañón, nace con el alma: se puede fomentar o disminuir, pero no crear en quien no la tiene.

Actualmente, hay un caldo de cultivo especialmente favorable para los resentidos: las redes sociales en las que siguen emboscados bajo los seudónimos.

ABC, 24 de agosto de 2017

VIDA, ALEATORIEDAD Y RESPONSABILIDAD

Si hay algún momento de nuestra existencia regido por la aleatoriedad, es aquél en el que nos conciben como seres. Es verdad que en la configuración de nuestro yo rigen las leyes de Mendel, pero también lo es que juegan con unos márgenes de probabilidad tan amplios que explican solo un poco de lo somos como personas específicas. Y aún queda por desentrañar la asignación del entorno que nos acompaña a cada uno; esto es, lo que será «nuestro mundo», en el cual la vigencia de la aleatoriedad, al menos en sus inicios, es casi absoluta.

Concepción y circunstancia orteguiana, o lo que es lo mismo, tener vida y el entorno en el que ésta se desarrolla, están fuera, hoy por hoy, del control del ser humano. Porque ninguno de nosotros tiene posibilidad alguna de decidir si quiere ser concebido o no, cómo desea serlo y en qué entorno geográfico, económico y social desea desarrollar su existencia.

Para expresar con más claridad lo que intento decir permítanme que me sirva de la alegoría de que somos producidos en una «fábrica de humanos». Nos fabrican, aunque no siempre, previo pedido, pero sin sujetarse a un plan preconcebido de encargos. Con esto quiero decir que todas las vidas surgen de un acto físico generalmente voluntario entre hombre y mujer, y que, aunque hay quienes se afanan decididamente en concebir, también los hay que reciben la sorpresa de que han generado una vida sin haberla buscado de propósito.

Pues bien, es tal la imprevisibilidad que rodea a los rasgos físicos y a las facultades intelectuales que recibe cada ser humano en el momento de su concepción que parece que hubiéramos sido «fabricados» por operarios ciegos, sordos, sin olfato, sin tacto y sin pupilas gustativas.

Por seguir con la idea de la fabricación, es como si esos operarios trabajasen en una cadena de montaje, situada en una gran nave en el firmamento, en la que hubiera dos grandes cubas. Una de ellas, con un cartel que dijera «almas» en la cual estuvieran todas mezcladas. Y la otra que rezara «cuerpos» y cuyo contenido consistiera en un amplio surtido de brazos, pies, caras, troncos, pelo, etc.

Dada su abundancia, cabe imaginar que cada amanecer, al empezar su jornada de trabajo, el jefe de los montadores de humanos oprime un botón y empieza a girar la cadena alrededor de la cuba de los cuerpos. Allí los insensibles operarios van ensamblando al tuntún troncos, extremidades y cabezas, cuidando de que sean de la misma raza, aunque, a veces, tienen que hacer algunas mezclas en atención al mestizaje de sus progenitores. Los montadores no ven los cuerpos que ensamblan, por eso aunque pudieran recibir alguna recomendación o una especificación concreta del peticionario, el resultado sigue siendo completamente fortuito.

Al salir de la cadena de ensamblaje de cuerpos, no existen controladores de calidad. Se dan por buenos tanto cuerpos de una extrema belleza y perfección, como otros menos dotados físicamente. Incluso pasa a la cadena de las almas algún que otro cuerpo plagado de defectos o deformidades, y hasta no pocos incompletos.

Cuando cada cuerpo llega al final de la cadena, lo pasan a la línea de montaje de las almas y a cada cuerpo le van insuflando un espíritu que también cogen los operarios al azar. Aunque quisieran los montadores, tampoco en esta parte del montaje podrían hacer liberalidades, porque los ensambladores de almas tampoco saben cómo son, ya que la inteligencia, la bondad, la maldad, el odio o el resentimiento no se ven. Y si bien es verdad que huelen, unas bien y otras mal, como ellos no tienen olfato, no pueden reconocer lo que insertan en cada cuerpo.

Cuando de la fase de la «concepción» se entra en los inicios de la asignación del entorno, a cada individuo, ya dotado de cuerpo y alma, le cuelgan una bolsa imaginaria al cuello y lo hacen transitar por un pasillo muy estrecho, en cuya puerta de salida hay tres espuertas llenas de monedas, cada una de ellas con su respectivo cartel: «Monedas del esfuerzo», «monedas de la facilidad» y «monedas del sufrimiento».

No se sabe la cantidad de monedas que tiene cada capazo. Pero por lo que ha venido sucediendo a lo largo de los siglos parece que el menos lleno de los tres es el de la «facilidad», siendo el contenido de los otros dos más o menos similar. Todos los humanos conformados tienen que detenerse al llegar al patio de las tres monedas y no pueden salir al departamento de envíos sin que sus bolsas estén completamente llenas. Pero no pueden tomar las que quieran, sino que hay unos brazos automáticos que cogen monedas de los tres cestos y las van tirando al aire para que caigan en las bolsas de cada ser humano. Dicen que los que tienen peor suerte son los que salen con su bolsa repleta de monedas del «esfuerzo» y el «sufrimiento». Son los que más abundan. Éstos están condenados a vivir empleando mucha fuerza física y gran vigor intelectual, y todo lo que consiguen es con padecimiento o dolor. El mundo es implacable con ellos, nada les resulta gratis y son reconocibles porque, si nos fijamos bien, se advierte que sus ojos rezuman tristeza y melancolía.

Hay algunos, pero son pocos, que, además de ir bien servidos de alma y cuerpo, van cargados de monedas de la «facilidad». Estos son los más beneficiados por la aleatoriedad y la fortuna. Porque no solo recibieron un cuerpo sumamente satisfactorio, sino que les insuflaron un alma que estaba repleta de buenas calidades. Éstos hacen todo sin apenas trabajo y suelen ser envidiados por el resto.

Pues bien, si nuestra concepción y nuestra circunstancia vital están tan fuertemente determinadas por la aleatoriedad o si, como afirmó Esquilo «ni aun permaneciendo sentado junto al fuego de su hogar, puede el hombre escapar a la sentencia de su destino», cabría preguntarse si se puede exigir algún tipo de responsabilidad al ser humano. La respuesta parece que debería ser negativa, al menos para la gran mayoría de nosotros. Pienso, sin embargo, que el hecho mismo de pertenecer a la humanidad implica un compromiso indeclinable con nuestros sucesores que nos obliga frente a aquélla a devolver la vida que recibimos, sea cual fuere, todo lo mejorada que podamos.

ABC, 18 de diciembre de 2017

¿HACIA UN NUEVO YO-SENSIBLERO?

En la lección *Cambio y crisis*, que forma parte de su obra En torno a Galileo, Ortega y Gasset escribía en 1933: «Mis opiniones consisten en repetir lo que oigo a otros. Pero ¿quién es ese o esos otros a quienes encargo ser yo?... ¿Quién es el sujeto responsable de ese decir social, el sujeto impersonal del "se dice"? ¡Ah!, pues, la gente». Y concluye el genial filósofo: «Y al vivir yo de lo que se dice y llenar con ello mi vida he sustituido el yo mismo que soy en mi soledad por el yo-gente». Seguramente, desde entonces el contenido impersonal y homogéneo del «yo gente» del que hablaba el filósofo habrá ido adquiriendo el contenido que reflejaba en cada momento el sentir social del «se dice». Pues bien, para mí tengo que en nuestros días ese «yo-gente» se ha impregnado tan intensamente de sensiblería que puede ser calificado, al menos en una buena parte, como un «yo-sensiblero».

La palabra sensiblero referida a las personas significa, según el Diccionario de la RAE, «proclives a un sentimentalismo exagerado, superficial o fingido». Averiguar, por tanto, si el «yo-gente» de hoy tiene unas dosis elevadas de sensiblería obliga, en primer término, a hacer unas brevísimas consideraciones sobre el sentimentalismo y determinar, seguidamente, si éste se ha vuelto exagerado, superficial o fingido.

No es fácil fijar con precisión qué se entiende por «sentimentalismo». El concepto gramatical (diccionario de la RAE) es «cualidad de sentimental», y «sentimental» significa que «alberga, suscita o es propenso a sentimientos tiernos o amorosos», o que es «exagerado en la expresión de sus sentimientos». Según la primera de estas acepciones, los sentimientos quedarían reducidos a los «tiernos y amorosos». En cambio, de acuerdo con la segunda, se incluirían todo tipo de sentimientos y la nota esencial de la acepción residiría en la exageración al expresarlos. El sentimentalismo del que hablo, y precisamente por referirse a sentimientos diferentes a la ternura o el amor, es este último.

En un artículo de 1982, titulado «Sentimiento, sentimentalismo y sentimentalidad», el filósofo Carlos Gurméndez hablaba de una vuelta al sentimiento y presentaba este hecho «como un triunfo de la esencia femenina frente a la racionalidad tecnológica del hombre». Escribía textualmente Gurméndez «es indudable que la mujer posee unos valores propios: ternura, debilidad, vulnerabilidad, desamparo, que enumera la psicóloga americana Jean Baker, y, por el contrario, que el hombre aparece duro, dominador, seco, racional». «Se propugna, pues –continuaba–, oponer la riqueza del sentimiento de la mujer a la lógica implacable masculina». Y concluía: «El mensaje es claro: los hombres deben asimilar de la mujer los valores sentimentales necesarios para su desarrollo espiritual».

Treinta y seis años después de estas reflexiones, y teniendo a la vista el imparable avance de la mujer por el espinoso camino que lleva recorriendo hacia la igualdad, me parece que no se puedan «sexualizar» ni el sentimentalismo, ni la racionalidad. Los hombres y las mujeres participan de ambos y no creo que pueda negarse que el sentimentalismo y la racionalidad son atributos de la persona, sin más, y que no cabe atribuirlos en mayor o menor medida a uno u otro sexo. Lo cual no impide que haya personas más racionales que sentimentales y viceversa.

Comparto, en cambio, con Gurméndez que «el sentimentalismo, por demasía de sentir, nos priva de comprendernos, pues se convierte en quejumbre permanente del sentimiento y su estancamiento dolorido». Es, en efecto, el exceso de sentir, especialmente el dolor y el sufrimiento, el que ha venido labrando el terreno del yogente actual para que germinara en él la semilla de la sensiblería. Y es que, como escribió Stefan Zweig, «en el dolor uno se hace cada vez más sensible; es el sufrimiento quien prepara y labra el terreno para el alma, y el dolor que produce el arado al desgarrar el interior, prepara todo fruto espiritual».

¿Y cuándo ha tenido lugar la exageración que ha desembocado en sensiblería? En nuestros días. Antes de la globalización, cuando aún no habían irrumpido en nuestra realidad las nuevas tecnologías y apenas sabíamos nada los unos de los otros, el «se dice» de entonces con el que formábamos el «yo gente» provenía esencialmente de la prensa escrita y radiofónica, y más tarde, desde su aparición, de la incipiente y rudimentaria televisión. Ese «yo-gente» estaba conformado, por tanto, más un por un «yo-opinativo» que por un «yo-sentimental». Con esto quiero decir que en la «prehistoria» de la era de la comunicación se difundía principalmente opinión y los destinatarios de la información iban conformando poco a poco su manera de ver las cosas mediante la experiencia de lo realmente vivido y la asimilación de lo comunicado.

Hoy, los habitantes de la aldea global asistimos en vivo y en directo a los que nos trasmiten profusamente los medios y las redes. Y en la inevitable tergiversación que padecemos, con una constante e interesada distorsión de la realidad, hay quienes asaltan nuestra intimidad, primero con imágenes que van excitando nuestros sentimientos hasta la exageración, y después procesando en nuestro intelecto esos sentimientos exacerbados hasta traducirlos en ideas y pensamientos uniformes para la ciudadanía (lo políticamente correcto).

Para que se vea lo que quiero decir, todos recordamos las impactantes imágenes del niño turco, de tres años, Aylan Kurdi, devuelto por el mar a la orilla de la playa, tras ahogarse mientras huía con su familia del horror de la guerra de Siria. A partir de las cuales tomamos conciencia de la guerra de Siria y no hay que descartar que sirvieran incluso para justificar ciertas operaciones militares en el conflicto.

Otro tanto sucede con las reiteradas imágenes de subsaharianos ateridos de frío y con ojos de terror que son salvados en aguas del Estrecho o del Mediterráneo, las cuales nos sensibilizan sobre la realidad de una imparable y creciente migración de los más desfavorecidos. En una línea diferente, pero por poner otro ejemplo, la sensiblería también ha anidado en la ideología del animalismo igualitario, que a través de la compasión, viene propugnando que los animales son sujetos de derechos.

Por cuanto antecede, puede decirse que una buena parte del «yo-gente» de nuestros días es un «yo-sensiblero». Las cuestiones son, sin embargo, quienes dirigen este asedio sentimental que sufrimos los particulares para sensibilizarnos de cuestiones cuya solución está fuera de nuestro alcance; y si esta moderna configuración del «yo-sensible-ro» está organizada por alguien con finalidades más o menos confesables.

ABC, 25 de junio de 2018

ORIGINALIDAD DE LAS OBRAS

Pocas nociones hay en nuestra lengua, como la originalidad, sobre las que se haya escrito tanto y cuyo significado siga todavía sin haber sido desvelado por completo. Por eso, creo que no exagero si digo que estamos ante un «concepto enigmático» , ante una expresión que tiene una «significación oscura, misteriosa y muy difícil de penetrar».

No soy tan osado, ni tan engreído, como para pensar que puedo aclarar el significado de la reseñada locución. Lo único que me propongo en las líneas que siguen es aproximarme a tan compleja noción desde una triple perspectiva: la gramatical, la literaria y la jurídica, siendo ésta la que más puede contribuir a precisar alguno de los rasgos conceptuales de tan intrincada expresión.

El diccionario de la RAE desentraña el significado de esta palabra obligándonos a seguir ciertos pasos. La primera acepción de originalidad es «cualidad de original», y por «original» se entiende: «Dicho de una obra científica, artística, literaria o de cualquier otro género: que resulta de la inventiva de su autor». Aclarar qué se entiende por «inventiva» es un paso inevitable para avanzar en la fijación del sentido gramatical de originalidad. Por inventiva se entiende, en su primer significado, «capaz de inventar o que tiene disposición para inventar». Finalmente, si precisamos qué se entiende por «inventar» habremos conformado el significado que buscamos. Inventar, en la acepción que aquí interesa es «dicho de un poeta o de un artista: hallar, imaginar, crear su obra». De suerte que, gramaticalmente, la originalidad de una obra científica, artística, literaria o de otro género es la cualidad que resulta de la capacidad de hallar, imaginar o crear su obra de su autor. La palabra originalidad alude, pues, a una característica de las obras del intelecto referida a una capacidad individual del autor, que es la de crear.

En la perspectiva literaria, estamos ante una noción que ha llamado la atención de grandes escritores. A título de ejemplo, según Rainer Maria Rilke , «las obras de arte nacen siempre de quien ha afrontado el peligro, de quien ha ido hasta el extremo de la experiencia, hasta el punto que ningún humano puede rebasar. Cuanto más se ve, más propia, más personal, más única se hace una vida»; Wolfgang Goethe piensa que «la originalidad no consiste en decir cosas nuevas, sino en decirlas como si nunca hubiesen sido dichas por otro»; y más recientemente, dice Harura Murakani que «la originalidad no es más que una imitación hecha con juicio».

Si gramaticalmente se puede llegar hasta un punto satisfactorio, la visión que ofrece la literatura es desalentadora. Lo cual puede deberse precisamente a que algunos escritores se mueven por la necesidad de ser originales incluso al decirnos qué significa este concepto y ante ese reto se evaden y entra en el campo de la imprecisión. Por eso, no debe extrañarnos que Rilke conecte la originalidad con el peligro o la singularidad de la vida misma; que Goethe se fije en la propia taumaturgia del lenguaje que es capaz de hacer pasar por nuevas cosas las ya dichas por otros; y que Murakani abandone la idea misma de crear ex novo y se centre en la imitación de lo existente pero hecha juiciosamente.

Escribió Ortega y Gasset que «O se hace literatura, o se hace precisión, o se calla uno». Descartado esto último por razones obvias, y teniendo que prescindir de la literatura, solamente el camino de la precisión podrá ayudarnos en la espinosa labor de desentrañar la significación de tan evanescente concepto.

Se hace precisión entrando en el ámbito jurídico, y en él se observa que la vigente Ley de Propiedad Intelectual habla de tres tipos de obras protegibles: las literarias, las artísticas y las científicas. Lo cual invita a preguntarse si las dificultades para desentrañar el concepto de originalidad se deben precisamente al hecho de esa tripartición. La cuestión podría plantearse así: ¿hay que entender la originalidad de la obra literaria de la misma manera que la de la obra científica y la de la obra artística igual que la de las otras dos?

La respuesta no es fácil, pero, en mi opinión, hay que contestar negativamente. Aunque en los tres tipos de obras la originalidad presenta notas comunes, las diferencias que tienen entre sí los procesos de creación de las obras literarias, las científicas y las artísticas, impiden que se pueda hablar de una noción con idéntico significado en todas ellas. A mi juicio, la originalidad presenta siempre una doble faz: es subjetiva en la medida en que hace referencia a la capacidad creativa del autor, pero es también objetiva porque es una cualidad que debe manifestarse en el objeto creado que es la obra. Pero este doble aspecto no tiene el mismo significado en los tres tipos de obras citados.

Así, en la obra científica lo realmente protegido por la propiedad intelectual no son las ideas, datos o conocimientos que se manejan, sino la forma en que se expresan sus contenidos. Por lo tanto, en la obra científica el margen para la originalidad, tanto en el aspecto subjetivo de la creatividad como en el objetivo de la plasmación de la creatividad en la obra, reside básicamente en no traspasar el límite de la copia.

En la obra literaria hay mayor margen para la creatividad. El escritor concibe, en primer término, el tema de su obra; luego organiza los incidentes y las secuencias en torno al tema central; y, finalmente, plasma y desarrolla todo ello en expresiones concretas. Pues bien, el escritor puede desplegar toda su capacidad creativa y su talento en estas tres etapas de elaboración de la obra. De tal suerte que cuanto mayor sea la creatividad aportada por el autor a su obra, en mayor medida se manifestará en ella la originalidad.

En este sentido, permítanme que recuerde las palabras de Manuel José Quintana («Vida de Cervantes. Apud Obras completas»; Ed. Rivadeneyra, Madrid 1852), el cual para explicar la obra pone en boca del propio Cervantes, simuladamente, la siguiente frase que lo resume todo: «La Naturaleza me presentó a Don Quijote, mi imaginación se apoderó de él y un feliz instinto hizo lo demás».

Finalmente, en las obras plásticas, la capacidad creativa está compuesta no solo por la capacidad de ideación o de concepción de la obra, sino también por otro ingrediente que asume aquí un papel esencial que es la capacidad de ejecución.

De cuanto antecede se desprende que esta noción está compuesta por la indicada doble faz: subjetiva (capacidad creativa del autor) y objetiva (la creatividad manifestada en la obra). Pero no se entiende de la misma manera en las distintas obras de la propiedad intelectual. Razón por la cual, aunque la palabra es una, y la misma para todos los tipos de obras, originalidad, solo se capta adecuadamente su sentido si se tienen en cuenta las singularidades y diferencias que presenta esta noción en cada una de las tres grandes categorías de obras reseñadas.

ABC, 21 de septiembre de 2018

LA BANDERA DE ESPAÑA

En el discurso con ocasión de la Pascua Militar, Felipe VI afirmó que la bandera de España es "de todos". Su aseveración es acertada, aunque, en mi humilde opinión, no porque, habiendo sido establecida por Carlos III para la Armada y extendida a todos los cuerpos del Ejército quedase ratificada "definitivamente como la bandera de España", sino por la razón jurídico-constitucional que se expone seguidamente.

A lo largo de nuestra historia, salvo con la excepción que se dirá seguidamente, la bandera no fue objeto de regulación constitucional. Así, la "Constitución Política de la Monarquía Española" de Cádiz de 1812 no la menciona en absoluto y hay que esperar hasta la Constitución de la República Española de 1931 para ver la primera referencia a la bandera. El último párrafo del artículo primero de la Constitución de 1931 dispone que "la bandera de la República española es roja, amarilla y morada".

En esta misma línea, nuestra Constitución vigente dedica todo el artículo 4, a regular la bandera y, en plena congruencia con el reconocimiento constitucional de las Comunidades Autónomas, establece, en el apartado 1, cómo está formada la bandera de España, dedicando un novedoso apartado 2 a prever la posibilidad de que aquellas Entidades Territoriales reconozcan, en sus respectivos Estatutos de Autonomía "banderas y enseñas propias que se utilizarán junto con la de España en sus edificios públicos y en los actos oficiales". Como dice Blanco Canales, la inclusión de este nuevo apartado en el texto constitucional respondía probablemente "a la preocupación, en el periodo constituyente, por los conflictos ocasionados por la utilización de algunos símbolos autonómicos, en especial la ikurriña y, en menor medida, la señera".

Los demás símbolos del Estado, el escudo y el himno, no tienen reconocimiento constitucional, sino que son reconocidos y regulados por normas de inferior rango. De cuanto antecede resulta que, aunque el Estado español tiene como símbolos, la bandera, el escudo y el himno, solo la primera tiene carácter constitucional; y, desde esta última perspectiva, la condición de símbolo constitucional del Estado español le corresponde de manera directa a la bandera de España (artículo 4.1 CE) y de manera indirecta y por vía de remisión a las banderas estatutarias de las Comunidades Autónomas (artículo 4.2 y 147.1, ambos CE).

Esta condición jurídica de símbolo constitucional del Estado español que tiene la bandera de España permite extraer las dos conclusiones siguientes. La primera es que no hay más bandera constitucional de España que la "formada por tres franjas horizontales, roja, amarilla y roja, siendo la amarilla de doble anchura que cada una de las rojas". Las demás banderas autonómicas son banderas españolas, pero no de España. Y la segunda consiste en que, si bien es cierto que la forma de política del Estado español es la Monarquía Parlamentaria, dicha bandera –y esta es la verdadera razón de que la bandera sea "de todos"-

no es la de la Monarquía española, sino la de España.

En efecto, según indiqué, la Constitución de 1931 al regular en su artículo primero la bandera la refiere a la República española ("la bandera de la República española es roja, amarilla y morada" decía el precepto). La Constitución de 1931 hablaba de la bandera de una determinada forma política de Estado: la República española, pero no de la "bandera de España", como dice ahora el artículo 4.1 de la Constitución de 1978. En la Constitución de 1978 no se determina la bandera de la forma política del Estado español, sino –y por primera vez en nuestra historia constitucional- de la bandera de España.

Adviértase, además, que desde la vigencia de la Constitución de 1978, aunque la forma política del Estado es la monarquía parlamentaria, no cabe hablar de una bandera que es símbolo de la monarquía española, a diferencia, insisto, de lo que sucedía con la bandera tricolor que lo era de la República española, sino de la bandera de España.

Esto se debe a que la Constitución de 1978 instaura una nueva forma política del Estado español que rompe con todas las Constituciones anteriores. Con las Constituciones de 1812, 1837, 1845, 1869 y 1876 porque, si bien en todas éstas la forma política del Estado era la monarquía, en la de 1978 se instituye por primera vez en España la "monarquía parlamentaria". Lo cual significa que el Rey es el Jefe del Estado, asumiendo la más alta representación del mismo y limitando sus funciones a las labores de arbitrar y moderar el regular funcionamiento de las demás instituciones, pero la soberanía nacional reside en el pueblo español del que emanan todos los poderes del Estado (art. 1.2 CE)

Pero la Constitución de 1978 rompe también con la de 1931, porque, aunque ésta instauró asimismo una democracia parlamentaria, la forma política del Estado era la República, mientras que en la vigente es la monarquía parlamentaria. Claramente se advierte la singularidad de nuestra vigente Constitución respecto de todas las anteriores, fueran monárquicas, o republicana, en lo que se refiera a la forma política del Estado.

Pues bien, a pesar de la generosidad política con la que los constituyentes de 1978 regularon la bandera como símbolo del Estado y del indiscutible carácter de la bandera del artículo 4.1 de la CE como símbolo constitucional de España (no de una concreta forma política de Estado), existe un cierto recelo, o al menos estaba instalado hasta hace poco entre nosotros, a sentirse representado, no digo ya sin rubor alguno, sino incluso con un legítimo orgullo democrático por la bandera de España. Y es que por primera vez en nuestra historia tenemos una bandera de España, que no es ni la de la monarquía española, ni la de la forma política de la república, sino, como dijo el Rey, la de "todos". Es el símbolo constitucional del Estado social y democrático de Derecho, denominado España, añadiendo el monarca, "y signo de su soberanía e independencia, de su unidad e integridad".

ABC, 9 de enero de 2019

ESPERANZAS POLÍTICAS

El Rey Juan Carlos I en el discurso que pronunció ante las Cortes el 27 de diciembre de 1978, tras la sanción de la Constitución, formuló su «más sincero deseo de que todas las fuerzas políticas vean cumplidas cuantas esperanzas han depositado en el texto constitucional». Lo cual era absolutamente lógico, ya que cuanto más hubieran sido atendidas tales esperanzas en mayor medida nuestra Carta Magna nacería como una «Constitución de todos y para todos». Cosa que sucedió ya que el texto constitucional gozó de una generalizada aceptación por la ciudadanía, pues fue aprobado en referéndum por algo más que el 91% de los votantes.

Pues bien, las esperanzas que tenían las fuerzas políticas constituyentes se tradujeron en las proclamas contenidas en el Preámbulo de la Constitución y en su amplio articulado (169 artículos, cuatro disposiciones adicionales, nueve transitorias, una disposición derogatoria y otra final).

Por medio de las proclamas -única parte de la Constitución que ahora me interesa- la Nación española que nacía a la democracia declaraba solemnemente los objetivos políticos fundamentales que aspiraba alcanzar, los cuales más que propósitos conquistables de una vez y para siempre, representaban fines políticos de carácter permanente.

Lo primero que proclama la Nación española es su voluntad de «garantizar la convivencia democrática dentro de la Constitución y las leyes conforme a un orden económico y social justo». Este importantísimo anhelo, y con él todo el régimen democrático, no tardó en verse seriamente amenazado. No habían pasado aún tres años desde la entrada en vigor de nuestra Ley de Leyes cuando el 23 de febrero de 1981 se produjo un intento de golpe de Estado militar que afortunadamente fracasó.

Tras este deplorable incidente, la convivencia democrática, que hasta entonces había sido convulsa porque estaban dando sus últimos coletazos las fuerzas políticas ancladas en el régimen anterior, mejoró sensiblemente. Y ello, a pesar de que el terrorismo etarra nos siguiera azotando con sus feroces acometidas, resultándole indiferente la transición del régimen autocrático al democrático.

En nuestros días, ha tenido lugar un nuevo intento, también frustrado, de alterar la convivencia democrática constitucional al celebrarse en Cataluña un ilegal referéndum de autodeterminación con base en el cual dicha Comunidad Autónoma se declaró unilateralmente como República independiente.

La segunda proclama de nuestra Carta Magna es la voluntad de la Nación española de «consolidar un Estado social y democrático de Derecho bajo la vigencia del imperio de la Ley como expresión de la voluntad popular». Esta aspiración es hasta tal punto esencial que no es exagerado afirmar que resume en sí misma la esencia de la democracia: un Estado de Derecho con primacía de la ley como expresión de la voluntad popular en la cual reside la soberanía nacional.

La íntima relación que existe entre ambas voluntades proclamadas en el preámbulo de la Constitución significa que los dos intentos de subvertir el orden constitucional, el frustrado golpe militar y la fracasada declaración unilateral de independencia de Cataluña, fueran dos tentativas de alterar la convivencia democrática dentro de la Constitución y de minar el Estado de Derecho basado en el imperio de la ley como expresión de la voluntad popular.

Pues bien, llegados a este punto surge de inmediato la pregunta de si la fracasada declaración unilateral de independencia -punto en el que voy a centrarme- se debe a que nuestra Carta Magna se olvidó de recoger en su texto de 1978 alguna esperanza de las fuerzas políticas de entonces; o si tiene su origen, por el contrario, en una esperanza nueva, no manifestada en 1978, que plantea ahora alguna fuerza política constituyente y que obviamente no está en la Constitución.

No creo equivocarme si digo que en 1978 todas las «esperanzas» (así las denomina el Rey Juan Carlos I en el discurso citado) de las fuerzas políticas constituyentes respecto de la organización territorial del Estado se vieron satisfactoriamente cumplidas. El que la Constitución reconociese y garantizase el derecho a la autonomía de las nacionalidades y regiones de España satisfizo los deseos de todas las fuerzas democráticas de entonces. Lo cual implicaba admitir al mismo tiempo tanto la indisoluble unidad de la Nación española como que la soberanía de esta Nación reside en el conjunto del pueblo español.

La consecuencia de lo que antecede es que la existencia misma de las tensiones territoriales que venimos sufriendo en los últimos años obedece a que hay fuerzas políticas constituyentes que tienen nuevas esperanzas políticas, entre las que figura nada más y nada menos que la independencia.

Ahora bien, lo realmente novedoso es que esas fuerzas políticas intentan canalizar sus nuevas aspiraciones territoriales, incluida la independencia, a través de un derecho, el de autodeterminación, que no existe en nuestra Constitución, ni en ninguna otra del mundo. Ante tan inaceptable planteamiento político y jurídico ¿cómo debían responder las otras fuerzas políticas que niegan con razón la existencia del derecho de autodeterminación y siguen manteniéndose fieles a la Constitución? ¿Tenían que permitir a los independentistas que vulneraran abiertamente la Constitución pertrechados de un derecho inexistente como el de autodeterminación?

La respuesta es rotundamente negativa y se fundamenta en la razón ya indicada de que las dos proclamas constitucionales anteriormente analizadas tienen carácter permanente. En efecto, al fundamentarse la nueva aspiración de la independencia en el inexistente derecho de autodeterminación, su puesta en práctica contradice la voluntad de la Nación española de garantizar la convivencia democrática dentro de la Constitución -aquel supuesto derecho está claramente al margen- y supone asimismo un ataque a la voluntad de consolidar un Estado de Derecho sobre la base del imperio de la ley como expresión de la voluntad popular, que ha optado por la indisoluble unidad de la Nación española.

Con esto se quiere decir que la nueva esperanza de la independencia tal y como ha sido llevada a cabo invocando el inexistente derecho de autodeterminación contradice gravemente la propia voluntad de la Nación española proclamada en el Preámbulo de la Constitución y concretada en las normas de su Título Preliminar.

ABC, 21 de agosto de 2019

LA PICARESCA HIPOTECARIA

Tras los cuarenta años de vigencia de nuestra Constitución, la protección de los legítimos intereses económicos de los consumidores, que ordena el artículo 51, parece haber dado lugar a dos sistemas. Uno, «subjetivo», que es el clásico o tradicional, y que sigue vigente en el ámbito de la publicidad ilícita; y otro, más reciente, «objetivo», que es el que rige en los contratos de préstamo hipotecario con cláusulas abusivas.

El sistema de protección «clásico» se organizó inicialmente en torno a un determinado prototipo de consumidor, razón por la cual se habla de una protección «subjetiva». En sus orígenes la protección no se reclamaba para todo tipo de consumidor, incluidos el ignorante, poco consciente o distraído, sino solo para un tipo abstracto al que se considera necesitado de la protección «reequilibradora» frente al excesivo poder de los empresarios. Se trata del consumidor medio normalmente informado y razonablemente atento y perspicaz.

Frente a esta concepción subjetiva o tradicional, se ha ido abriendo paso, a nivel legislativo y jurisprudencial, otra «objetiva», en la que, al perfilar el concepto de consumidor se prescinde por completo de las notas subjetivas de su nivel de formación y conocimientos. Esta concepción se ha desarrollado en el ámbito de los préstamos bancarios con garantía hipotecaria, en los que la protección reforzada se justifica por razones objetivas: simplemente porque el consumidor ocupa la posición de prestatario en un contrato de préstamo hipotecario, cuya celebración no forma parte de su actividad profesional, y en el que hay condiciones generales a las que tiene que adherirse, lo que significa que es el contratante más débil.

Con base en esta concepción objetiva, nuestro Tribunal Supremo ha elaborado su conocida doctrina sobre las cláusulas suelo, en virtud de la cual se exige que en ese tipo de préstamos el consumidor comprenda no solo formalmente lo que dice la cláusula suelo, sino también las consecuencias «económicas y jurídicas» que se derivan para él de la misma o, lo que es lo mismo «la comprensibilidad real de su importancia en el desarrollo razonable del contrato».

La formulación de esta concepción objetiva suscita algunas reflexiones. La primera es que si el concepto de consumidor es objetivo y lo determinante es su adhesión cuando no hay posibilidad de negociar a las cláusulas predispuestas, ¿tiene algún sentido exigir que el consumidor comprenda incluso las consecuencias «económicas y jurídicas» de las cláusulas suelo? ¿Qué importa la plena comprensibilidad del deudor hipotecario si lo determinante es únicamente que sea un prestatario que actúa con un propósito ajeno a su actividad comercial, empresarial, oficio o profesión?

La segunda reflexión es preguntarse si la sobreprotección resultante de la objetivación del concepto de consumidor no ha acabado por llevar las cosas al extremo contrario, de tal modo que el desequilibrio contractual favorezca ahora al consumidor prestatario. De ser así las cosas, habría que recordar, aunque no debería hacer falta, que la banca intermedia en la circulación del dinero: toma dinero de unos ciudadanos a cambio de una remuneración para prestárselo a otros que pagan un interés más alto que el que recibe el depositante. Por eso, para el sistema económico general es vital que la banca recupere el dinero dado a préstamo, porque de lo contrario no podrá reintegrar a sus depositantes el dinero recibido y la remuneración pactada, ni dispondrá de fondos para seguir prestando.

Lo que antecede significa que los clientes están en los dos lados de la relación bancaria: los son tanto los que depositan su dinero como los que piden dinero a préstamo. De aquí que proteger en exceso al cliente-consumidor de préstamos hipotecarios supone desequilibrar esas inestables y complejas relaciones trilaterales entre los depositantes, la banca como intermediaria, y los solicitantes de dinero a préstamo. Y con ello el sistema financiero en general.

Por eso, cuando reflexiono sobre la situación actual de los prestatarios con garantía hipotecaria, me viene inevitablemente a la cabeza la obra clásica del Lazarillo de Tormes. Y es que tengo para mí que Lázaro de Tormes no era pícaro de nacimiento y que si acabó siéndolo fue porque sus amos lo forzaron a ello, desde el ciego inicial al alguacil al que sirvió antes de conseguir su empleo de pregonero municipal, gracias a la protección del Arcipreste de San Salvador.

Lo que quiero decir con esto es que es muy posible que los consumidores deudores de préstamos bancarios hayan recibido, al igual que Lázaro, malos tratos por parte de algunas de las entidades bancarias con las que contrataban. Pero si esto es cierto también lo es que ha habido bastantes consumidores que se han vuelto tan pícaros con sus bancos como Lázaro con sus amos. Y es que se han estado haciendo pasar ante nuestros tribunales, con la aquiescencia de éstos, como consumidores que no entendían lo que es una cláusula de interés variable con un tope fijo mínimo, ciudadanos de profesiones tan relevantes como economistas, abogados especialistas en mercados financieros, notarios, jueces, arquitectos, ingenieros, licenciados en matemáticas, peritos mercantiles, auditores de cuentas y hasta algún jefe de grupo del Tribunal de Cuentas de España.

La conducta de estos prestatarios a los que les incluyeron en sus contratos cláusulas suelo habrá podido ser legal, pero me pregunto si era ética. Es verdad que la ley y la jurisprudencia les autorizaban a exigir la devolución de las cuotas de las cláusulas suelo de sus contratos de préstamo. Pero demandar su devolución cuando las comprendieron perfectamente hizo que cargaran con las consecuencias de su supuesta ignorancia no solo el resto de los clientes de la banca, sino la ciudadanía en general que ha tenido que soportar con sus impuestos las consecuencias del rescate bancario. Con esta «picaresca» hipotecaria es difícil estar de acuerdo, por muy progresista que se sea. Como escribió Quevedo «reo que tiene por actor el poder enojado, ha menester en el juez mucha igualdad». Desgraciadamente, éste no parece haber sido el caso.

ABC, 16 de diciembre de 2019

LA "PARTITOCRACIA"

Si alguien acude al Diccionario de la RAE en busca del significado de «partitocracia» se encontrará con que dicha palabra no figura entre las 80.000 que lo forman. ¿Quiere decir que no existe? Evidentemente, no. Nos dirán oficialmente que la razón de su no inclusión en el Diccionario es que no es una palabra de uso común extendido en un ámbito representativo. Y puede que tengan razón. Pero tengo para mí que el verdadero motivo es que a «partitocracia» no le gusta que hablen de ella, prefiere pasar inadvertida por temor a que llegue a saberse lo que significa y qué se esconde tras ella.

A poco que se tenga un mínimo de intuición se advertirá que se trata de un término que conjuga dos palabras «parti» (alusiva a los partidos políticos) y «cratos» (que refiere a «poder»). De tal suerte que hablar de «partitocracia» viene a significar el «poder de los partidos políticos»; o dicho con mayor rigor que el poder democrático ha acabado acumulándose en los partidos políticos.

Así las cosas, lo primero que hay que preguntarse es si es esto lo que establece la Constitución, si nuestra Carta Magna nació con el designio de que el poder en el sistema democrático descansase por entero en los partidos políticos.

El artículo 6 de la Constitución dispone que «los partidos políticos expresan el pluralismo político, concurren a la formación y manifestación de la voluntad popular y son instrumento fundamental para la participación política. Su creación y el ejercicio de su actividad son libres dentro del respeto a la Constitución y a la ley. Su estructura interna y funcionamiento deberán ser democráticos». La lectura de este precepto advierte de que de las dos grandes fórmulas de articular la participación ciudadana, la democracia directa y la democracia representativa, nuestra Ley de Leyes optó por esta última. Los ciudadanos eligen a sus representantes en las dos Cámaras, y los diputados invisten al presidente del Ejecutivo.

Pues bien, creo no exagerar ni un ápice si digo que la puesta en práctica del sistema diseñado en nuestra Constitución se ha traducido a lo largo de estos años en una concentración formidable del poder democrático en los partidos políticos que se han hecho señores y dueños de la actividad política. Es verdad que en nuestra Constitución hay división de poderes y que, en consecuencia, cada poder tiene su propio ámbito competencial y de actuación. Pero no lo es menos que las personas titulares de esos poderes provienen, si no en su totalidad, sí en una parte claramente mayoritaria, de las decisiones de los partidos. Es el partido el que confecciona las listas, que además son cerradas, para concurrir a las elecciones, sean generales, autonómicas y municipales; son los partidos los que determinan el candidato que va a ser investido presidente del Gobierno y de los demás gobiernos locales; y son los partidos, aunque aquí su influencia no es absoluta como en los otros dos poderes, los que se reparten el Consejo del

Poder Judicial e influyen en la designación de los magistrados de los más altos tribunales.

¿Deseaba el legislador constitucional que acumularan tanto poder los partidos políticos cuando habló de su función de concurrir a la formación y manifestación de la voluntad popular? ¿Quería eso mismo cuando los configuró como instrumentos fundamentales para la participación política? ¿Responden en su funcionamiento a los principios democráticos? No soy un experto en Derecho Constitucional, pero me temo que no.

En tanto que asociaciones de personas, los partidos tienen que descansar en unos órganos permanentes que articulan sus actuaciones en los distintos ámbitos de la política. Lo que tal vez nunca imaginó el Constituyente fue que la actividad política se iba a profesionalizar progresivamente. Y no solo en un partido político, sino en todos. Por eso, en todo lo que sea crear nuevas oportunidades políticas profesionales (idear nuevos puestos y cargos) y mantener abiertos los ya existentes, el interés de todos los partidos es coincidente. Razón por la cual sus conductas serán siempre en esos puntos conscientemente paralelas, porque de lo que hoy dispones tú, cuando se produzca la esperada alternancia en el poder, lo disfrutaré yo.

De suerte que quienes no participan en la generación de la riqueza, sino solo en su administración y tienen por misión gestionar los intereses de la generalidad, de lo que cuidan por encima de todo es de su profesión, pues en eso se ha convertido la política para gran parte de los que viven durante años de practicarla. Y esto no es defender los intereses generales de la ciudadanía, sino actuar corporativamente en defensa de sus intereses profesionales de grupo.

Hay como una especie de defensa del gremio «político» por encima del sagrado interés del pueblo. Por eso, se entiende que casi nunca el que esté en el poder, y sea del partido que sea, tome decisiones que perjudiquen al «gremio» en su conjunto, como por ejemplo, reducir el número de los políticos profesionalmente ocupados en los puestos de diputados, senadores, parlamentarios autonómicos, etcétera.

Lo malo de todo lo que antecede es que son ellos, como profesión, los que tienen el poder. Y, en consecuencia, tienen bajo control todas las medidas que pueden beneficiar o perjudicar al «gremio». En los años que llevamos de democracia, hemos visto tanto que actúan por unanimidad para subirse los sueldos y mejorar los privilegios inherentes al cargo, como rechazar cualquier medida perjudicial para el «gremio», como cuando hubo intentos por reducir los puestos en los parlamentos autonómicos.

Si los partidos se deben a los votantes, simpatizantes, militantes, dirigentes y, por encima de todos, a la ciudadanía en general, convendría que dejasen de atender a sus propias necesidades profesionales y que tuviesen en cuenta, y cada vez más, que su previsión constitucional es para articular la participación política con vistas a la defensa de la voluntad popular y el aseguramiento de la convivencia democrática conforme a un orden económico y social justo. No para convertirse en un conjunto de personas que ejercen un empleo duradero en el ámbito del poder político.

ABC, 4 de mayo de 2020

HOMBRE, REBAÑO Y PODER POLÍTICO

La democracia es un sistema político de control del poder en beneficio de la libertad de los ciudadanos. Es un modo de organizar la convivencia en el que se sitúa la libertad, junto con la justicia, la igualdad y el pluralismo político, en el cenit de los valores superiores del ordenamiento jurídico.

En nuestra vigente Constitución hay normas que resaltan el importantísimo papel que desempeña el pueblo en el sistema democrático organizado por ella, como la que establece que 'la soberanía nacional' reside en el pueblo (art.1.2), o la que afirma que España es la patria común e indivisible de todos los españoles (art. 2), o la que confía a los partidos políticos encauzar la participación política de la ciudadanía (art.6), o, finalmente, la que establece que los ciudadanos tienen derechos y deberes fundamentales, entre los que se encuentran los que podrían denominarse de 'contenido intelectual' (arts. 20 y 27).

Pero para la Constitución la palabra 'pueblo' no posee un contenido estático, rígido y permanente, sino que alude a una realidad dinámica y cambiante. El pueblo español es la gente que habita en España, pero las personas que lo integran en cada momento no son las mismas, sino que van cambiando. Y eso es lo que hace posible que el pueblo español de una época no presente las mismas características que el de otra.

Por otro lado, en la transformación constante de lo que va constituyendo 'el pueblo' influye decisivamente la acción del poder, al que siempre le interesa más un pueblo domesticado, poco informado, casi ignorante y servil, que una ciudadanía bien instruida, libre, crítica y exigente. Por eso, una parte importante de la acción del poder consiste en dificultar que a través de la educación la gente del montón alcance el desarrollo más completo de su personalidad.

En 1937, recién llegado a Estados Unidos, Aldous Huxley opinaba que Europa se había rendido a la idolatría de «divinidades locales como la nación, el partido, la clase o el caudillo endiosado». Señalaba también que las masas eran «conducidas como rebaños» y que «el individuo había sido reducido a un estado de intoxicada subhumanidad». No debe extrañar por tal razón que en su obra 'El fin y los medios', publicada en ese mismo año, el filósofo británico insistiese en que el siglo XX había sido testigo de la caída del hombre liberal y de la aparición del hombre-rebaño, así como de la del líder 'endosiado'. Observaba asimismo Huxley una disminución del aprecio que los hombres sentían por la verdad y que, nunca hasta entonces, se había practicado la mentira organizada con tanto descaro, envolviéndola en forma de una propaganda que inculcaba el odio y la vanidad.

Estas ideas las expuso Huxley hace 84 años y la pregunta que surge inmediatamente es si la situación se ha reconducido y hoy tenemos un pueblo diferente, bien informado y más perspicaz que ejerce un control más eficaz del poder, o, por el contrario, las cosas han ido a peor, lo que significaría que nuestro sistema democrático no ha podido defender adecuadamente al pueblo frente al poder político.

En lo que concierne a España el tiempo que hay que tomar en consideración es el que arranca con nuestra Constitución de 1978 y comprobar el resultado transformador que ha tenido en nuestros días la instauración de la democracia. Lo que pretendo es averiguar hasta qué punto nuestra democracia constitucional, con una vida de algo más de 42 años, influyó en el hombre-rebaño, en la existencia de 'caudillos endiosados' y en la circulación de la 'mentira' organizada bajo el ropaje de la propaganda, asuntos de los que hablaba Huxley.

Me parece indiscutible que nuestra Constitución pretendía instituir una sociedad democrática avanzada en la que se promovieran la libertad y el progreso de la cultura, como se dice expresamente en su Preámbulo. Y tampoco tengo duda alguna de que entre su normativa reguló determinados derechos que, bien aplicados, alumbrarían la aparición de un ciudadano bien formado, debidamente instruido, independiente y, en consecuencia, muy alejado del 'hombre-rebaño' y poco vulnerable a los líderes endiosados y a la mentira-propaganda.

Y ello porque hay derechos constitucionales que persiguen la formación del ciudadano y otros que adoptan una postura crítica frente al poder. Los derechos que podríamos denominar de 'carácter formativo' son el derecho a la educación del artículo 27 y el derecho a recibir libremente información veraz del artículo 20.1.d. segundo inciso; y los derechos que contribuyen a la actuación crítica frente al poder son el de la libertad de expresión (art. 20.1 a) y derecho de 'comunicar' libremente información razonablemente contrastada (art. 20.1. d. primer inciso). Y es que el reconocimiento constitucional de estos derechos persigue, en definitiva, la formación de una opinión pública libre, crítica, plural y democrática.

Si los instrumentos existen, lo que queda por preguntarse es si han alcanzado su objetivo. Me gustaría sobremanera poder responder afirmativamente. Pero mi visión personal de nuestra realidad política y social del tiempo presente es muy pesimista. No hemos aprovechado los instrumentos que ha puesto a nuestro alcance la Constitución para sustituir el 'hombre-rebaño' por un ciudadano suficientemente instruido, independiente y crítico con el poder. El estafado es el pueblo y los estafadores los políticos incapaces de elaborar una ley general de educación aceptable por todos. No hemos conseguido tampoco que desapareciesen los 'políticos-endiosados' tal vez porque al dominar el poder los medios de comunicación el contenido de las noticias gira mayormente sobre la política y sus actores. Y, finalmente, la fulgurante y exitosa aparición de las redes sociales y el reseñado control de una gran parte de los medios por el poder han sumido a la ciudadanía, como nunca había sucedido anteriormente, en la era de la mentira descarada. Es como si en estos puntos concretos denunciados por Huxley todos los defensores de la Constitución, y especialmente los partidos políticos, no hubiéramos podido evitar que encallara.

ABC, 12 de febrero de 2021

¿HAY QUE REVOCAR LAS PATENTES?

No creo exagerar si digo que la pandemia del Covid-19 es el principal problema que tiene hoy la humanidad. Para hacerle frente se inició una búsqueda urgente de vacunas, tratamientos y tecnologías que pudieran contrarrestar la propagación de la enfermedad y salvar vidas. La innovación fue considerada como una de las mejores herramientas para combatir esa amenaza, razón por la cual se realizaron enormes inversiones en I+D para obtener nuevas respuestas tecnológicas que combatieran el virus. Las patentes jugaron un papel determinante en este contexto y han supuesto un incentivo muy eficaz para que las empresas y universidades invirtieran en dicha investigación.

Pero las patentes son miradas con ojos de malicia, sobre todo cuando entran en conflicto con el derecho fundamental a la protección de la salud. Las voces críticas contra las patentes se centran desde antiguo en sus costes económico-sociales, el principal de los cuales es que, al otorgar una situación de monopolio, su titular puede limitar la producción del producto patentado y elevar con ello su precio. Con todo, como escribieron Jewkes, Sawers y Stillerman, "es imposible encontrar una institución social que presente tantos defectos como el sistema de patentes, pero sobrevive porque no existe una institución mejor para impulsar la investigación tecnológica".

La propagación vertiginosa en todo el mundo del mortífero Covid-19 (según los últimos datos, habría ocasionado a nivel mundial la muerte de unos 3,2 millones de personas y el contagio de 156 millones) ha puesto de manifiesto que no hay vacunas para todos, ni siquiera para los habitantes del primer mundo. La insuficiencia en la producción y en la distribución de las vacunas ha generado el debate de si conviene suspender temporalmente o incluso revocar definitivamente las patentes. No exagero si digo que nunca como en este caso se van a poner a prueba los cimientos en los que se asienta el sistema de patentes.

Al frente de las propuestas de actuar sobre los efectos de las patentes se puso inicialmente la Organización Mundial del Comercio, a la que siguieron los representantes de India y Sudáfrica, el Papa Francisco, 170 exmandatarios mundiales y premios Nobel, y el Gobierno de Joe Biden. La Unión Europea acaba de declarar en Oporto que está dispuesta a discutir las propuestas que se pongan sobre le mesa, aunque Francia ha calificado el problema como "un falso debate" y Alemania ha anunciado que se opone radicalmente a que se toquen las patentes.

No es fácil formarse una opinión sobre tan espinoso asunto. Pero para alcanzar una postura cabal pienso que conviene alejarse de los impulsos emocionales, descartar las posturas demagógicas que surgen siempre que entra en juego la salud, y optar por una visión racional que nos permita obtener la respuesta más certera a las dos siguientes cuestiones: ¿la suspensión o revocación de las patentes mejorará con la urgencia requerida la producción y distribución de las vacunas?; ¿cómo afectaría esa medida excepcional al propio sistema de patentes en el futuro?

La pregunta de si la suspensión o revocación de las patentes permite contar de inmediato con unidades empresariales operativas dotadas de personal preparado y de instalaciones para remediar con la necesaria urgencia la crisis de producción y de distribución de las vacunas debe ser respondida en sentido negativo. Por desgracia no hay soluciones mágicas y esta lo sería, sobre todo si lo que se pretende es replicar en poco tiempo las infraestructuras de personal y materiales de una industria creada para fabricar de inmediato las vacunas.

Y es que ¿puede alguien asegurar que la suspensión de las patentes tendrá como consecuencias instantáneas que habrá nuevo personal bien preparado tecnológicamente para producir las vacunas; que se montarán laboratorios convenientemente dotados para producirlas; y que se dispondrán medios adecuados para hacerlas llegar a los diferentes países? Y todo ello con gran rapidez porque, de lo contrario, no se alcanzaría la finalidad perseguida que es -no se olvide- la suficiente producción de vacunas y su inmediata distribución para frenar la pandemia. Es evidente que no. Se dirá que se necesita tiempo, ¿pero no es la falta de tiempo lo que justifica la revocación o suspensión de las patentes?

En cuanto a los efectos que dicha medida produciría en el sistema de patentes, es obvio que lo erosionaría severamente, sobre todo si tras la ingente inversión en investigación que han hecho los titulares de las patentes 'se confiscan' después sus derechos.

No hay que olvidar que el propio sistema de patentes prevé medidas para atajar las situaciones de crisis. La expropiación requeriría las previas declaración de utilidad pública e interés social y -sobre todo- la fijación del justiprecio. Las licencias obligatorias serían posibles por insuficiencia de explotación de la invención patentada y existencia de motivos de interés público, y supondrían asimismo que el titular de la patente percibiera una remuneración adecuada al caso. Y todavía cabría acudir a las licencias obligatorias específicamente previstas para la fabricación de medicamentos destinados a países con problemas de salud previstas en el Reglamento (CE) n.º 816/2006 del Parlamento Europeo y del Consejo de 17 de mayo de 2006.

Optar, pues, por una medida que no está contemplada en las leyes de patentes, como es su suspensión o revocación, supondrá, en mi opinión, comprometer la propia seguridad jurídica del sistema de patentes y la consiguiente incentivación a invertir en investigación farmacéutica. Y es que, como escribió Brent Saunders, "¿quién fabricará la vacuna la próxima vez?" ¿Se animaría alguna empresa -añado yo- a volver a invertir en investigación si se suspenden los efectos protectores de la patente?

Por eso, me parece más acertada la nueva medida que acaba de proponer el director general de la OMS, que instó a los Estados a "ofrecer incentivos a sus laboratorios para animarlos a compartir sus conocimientos y tecnologías contra el Covid-19". Esta postura conciliadora es la que mejor puede ayudar a resolver a corto plazo los problemas actuales de las vacunas.

ABC, 13 de mayo de 2021

CONSTITUCIÓN Y REALIDAD SOCIAL

Como seguramente muchos de ustedes sabrán, uno de los criterios para interpretar las normas jurídicas es tener en cuenta la realidad social del tiempo en que han de ser aplicadas. A través de esta interpretación, que se llama evolutiva, se consigue que las leyes no envejezcan y que haya un perfecto acompasamiento entre el texto de la norma, que permanece inalterado, y la nueva realidad del momento en que ésta ha de ser aplicada, que, por eso mismo, requiere otra interpretación.

Es verdad que el citado criterio interpretativo no figura en la Constitución, sino en el Código Civil, que es una ley ordinaria de 1889. Lo cual obliga a preguntarse si el criterio evolutivo, que no figura en nuestra Carta Magna, puede utilizarse válidamente como criterio interpretativo. La propia Constitución, en el apartado 2 del artículo 10, pero con respecto a los derechos fundamentales y libertades públicas, dispone que se interpretarán de conformidad con la Declaración Universal de Derecho Humanos y los tratados y acuerdos internacionales sobre las mismas materias ratificados por España.

Por su parte, el Tribunal Constitucional, que según el artículo 1 de su Ley Orgánica 2/1979, es el intérprete supremo de la Constitución, sostiene que ésta incorpora un sistema de valores que requieren una interpretación finalista de la misma; que si hay dos interpretaciones posibles de un precepto, una ajustada a la Constitución y otra no, debe optarse por la primera; y, finalmente, considera que el legislador ordinario no puede dictar normas meramente interpretativas de la Constitución, función que está reservada al Tribunal Constitucional.

Pero si lo que antecede es cierto, también lo es que, como recordó nuestro Tribunal Constitucional en su conocida sentencia 198/2012, de 6 de noviembre sobre el matrimonio de personas del mismo sexo, una sentencia canadiense de 1930 dice que la Constitución es «un árbol vivo». Razón por la cual nuestro Alto Tribunal acudió a la interpretación evolutiva para sostener que la Constitución se acomoda a las realidades de la vida moderna asegurando su propia relevancia y legitimidad. En esta sentencia se asegura que «esa lectura evolutiva de la Constitución, que se proyecta en especial a la categoría de la garantía institucional, nos lleva a desarrollar la noción de cultura jurídica, que hace pensar en el Derecho como un fenómeno social vinculado a la realidad en que se desarrolla y que ya ha sido evocada en nuestra jurisprudencia».

Con todo, debe advertirse que la interpretación evolutiva de la Constitución encuentra un límite claro en el respeto al tenor literal de las disposiciones porque no se puede hacer que la norma diga lo contrario de lo que dice, toda vez que, en ese caso, no estaríamos interpretando la Constitución sino cambiándola, pero eludiendo el procedimiento de reforma constitucional previsto 'ad hoc'. Llegados a este punto, cabe plantear dos problemas que afectan a Cataluña: si hay una nueva realidad social que puede 'afectar' al texto de la Constitución y, en caso afirmativo, cuáles son los límites de esa posible afectación a las normas constitucionales.

La 'nueva realidad social' a la que me refiero es a la del independentismo secesionista de una parte de Cataluña. La realidad social en el momento de aceptar la Constitución era abrumadoramente mayoritaria a la solución territorial plasmada en la Constitución: Cataluña era una nacionalidad constituida en comunidad autónoma. Hasta tal punto era esto así que en el referéndum celebrado en España el 6 de diciembre de 1978 para aprobar la Constitución las provincias catalanas apoyaron el texto constitucional en un porcentaje superior al 90 por ciento de los votantes.

No se traiciona la verdad si se afirma que hay un cambio de la realidad social catalana a partir de 2014 cuando una buena parte de los votantes, eso sí, sin un escrutinio riguroso de la participación y sin un efectivo control del sentido de los votos, mostró su preferencia por la independencia de Cataluña. Cambio de realidad que se confirmó en el referéndum de 2017, también ilegal, y en las posteriores elecciones autonómicas en las que la mayoría de los escaños se distribuyen entre los partidos independentistas. Con todo, conviene recordar que según un sondeo de Opinión del Instituto de Ciencias Políticas y Sociales de Cataluña el 51,3 por ciento de los catalanes se manifestaron en noviembre de 2020 a favor de que Cataluña siguiera en España.

Sentado, pues, que comparada con la de los primeros años de vigencia de la Constitución hoy existe una nueva realidad social en Cataluña, que en la medida en que propugna su independencia de España afecta al principio constitucional de la indisoluble unidad de España, queda por responder a la cuestión de hasta dónde puede afectar dicha nueva realidad social a nuestra Carta Magna.

Lo primero que hay que decir es que la nueva realidad social, en tanto que cuestión de hecho, está sometida al Derecho para poder reconocerle efectos jurídicos. Y el derecho dice, en lo que ahora, que la única soberanía constitucional que existe es la soberanía nacional que reside en el pueblo español. No hay, por tanto, en modo alguno 'soberanías autonómicas' para poder dividir el territorio de España. Si esto es así, la única realidad social que cabría tener en cuenta es la del conjunto del pueblo español, que, de momento, es la que se manifestó en el referéndum de 6 de diciembre de 1978 aprobando la Constitución.

La consecuencia de lo que antecede es que el legislador ordinario, basándose en una supuestamente nueva realidad social catalana, no puede en modo alguno modificar la Constitución mediante una interpretación evolutiva, ni hablando de una 'federalismo asimétrico', ni de 'nación de naciones', ni de 'plurinacionalidad', ni mediante la modernidad de la 'España multinivel'. Y es que si se tratara de descartar la hoy imposible reforma constitucional y se pretendiera la interpretación evolutiva habría que recordar que encuentra un límite claro: no puede permitir que se eluda el procedimiento de reforma constitucional.

ABC, 26 de agosto de 2021

ℰ3